UN GRAND
week-end

# NAPLES

Terrasse sur le Borgo Marinari

Cité trois fois millénaire et étape mythique du « Grand Tour » effectué par les artistes et intellectuels européens au XVIII$^{e}$ siècle, Naples n'a rien d'une ville-musée. Son centre historique s'apparente à un labyrinthe : places ensoleillées, façades baroques, palais décatis et marchés colorés forment un décor charmant. Une Naples plus monumentale se découvre autour du Palazzo Reale et le long du *lungomare*, donnant un aperçu de sa puissance passée. Sur les hauteurs, le Vomero et le Posillipo offrent des vues prodigieuses sur la baie de Naples. Dans les environs proches, des escapades sont possibles vers les champs Phlégréens ou les îles de Capri, d'Ischia ou de Procida. Un peu plus loin, Sorrento et la côte amalfitaine sont des musts. Enfin, sous la menace du Vésuve, les sites archéologiques de Pompéi et d'Herculanum sont l'occasion d'émouvants voyages dans l'Antiquité.

Ruelle dans les Quartieri Spagnoli

**Notre auteure, Lucie Tournebize,** est une Française passionnée d'Italie. Elle raconte sa vision du pays sur son blog, L'occhio di Lucie (« L'œil de Lucie », http://occhiodilucie.com). Elle parcourt la Botte à la recherche de bons plans à partager avec ses lecteurs. Lucie nous fait découvrir Naples hors des sentiers battus.

**Notre auteur, Jean Tiffon,** a fait de l'Italie son principal terrain de jeux. Pour ce guide, il a sillonné les rues de Naples à la recherche des meilleures *osterie*, percé les mystères de la ville antique de Pozzuoli et plongé dans des criques de la côte amalfitaine. Son plus beau souvenir ? Un dîner à la belle étoile sur une terrasse perchée de Sorrento.

**Notre photographe, Patrice Hauser,** est aussi journaliste et cameraman free-lance passionné. Il collabore avec de nombreux titres de la presse grand public, des maisons de production et d'édition. L'atmosphère des vieux quartiers de Naples, la beauté de ses églises, mais aussi les splendeurs des îles de la baie et de la côte amalfitaine lui laissent un souvenir impérissable.

## Un Grand Week-end sur les réseaux sociaux

Suivez-nous sur *Facebook*, *Twitter* et *Instagram* **@Ungrandweekend**

Vous y trouverez nos photos coups de cœur, nos expériences uniques et surtout une réponse personnalisée à toutes vos questions.

Et si vous y contribuiez ? Nous aimons beaucoup voir nos guides en voyage : postez une photo de votre guide en situation et taguez-nous, nous partagerons les plus belles photos et récompenserons régulièrement les plus appréciées.

# Les incontournables DE NAPLES

## LES RUES DU VIEUX NAPLES

Marchés débordant de produits savoureux, pizzerias traditionnelles et ateliers d'artisans confèrent une vitalité unique au vieux Naples. Ses rues rectilignes, héritées de la Neapolis antique, concentrent une prodigieuse variété de palais, églises et monuments. Voir quartiers 1 à 3 p. 24 à 39.

## CERTOSA DI SAN MARTINO

Perchée en haut de la colline du Vomero, la chartreuse de Saint-Martin, fondée au XIVe s., jouit d'une vue imprenable sur le golfe de Naples. Sa visite vous initiera à l'art baroque napolitain, entre cloîtres ombragés, chapelles couvertes de marbres et crèches traditionnelles. Voir p. 65.

## MUSEO DI CAPODIMONTE ET SON PARC

Installé dans un vaste palais royal dominant Naples, le Museo di Capodimonte propose un extraordinaire aperçu de la peinture italienne et napolitaine, ainsi que des appartements au décor opulent. En sortant, ne manquez pas son agréable parc. Voir p. 46.

## PALAZZO REALE

Clôturant la symétrie de la monumentale piazza Plebiscito, le Palazzo Reale fut commencé en 1600 et achevé trois siècles plus tard. Escalier d'apparat, théâtre privé, enfilade de salons fastueux ou chapelle baroque offrent un parfait exemple du faste napolitain. Voir p. 53.

## SANTA CHIARA ET LE CHIOSTRO DELLE CLARISSE

L'église de Santa Chiara, édifiée au début du XIVe s., constitue un modèle d'élégance gothique. Derrière ses hauts murs de tuf, le cloître des Clarisses prend des airs de jardin d'Éden, avec ses colonnes couvertes de majolique et ses rangs d'orangers. Voir p. 37.

## CASTEL NUOVO (MASCHIO ANGIOINO)

Dominant le port de Naples, cet imposant château était un élément primordial du système défensif de la ville. Les princes aragonais y firent réaliser nombre d'aménagements, à commencer par un splendide portail d'entrée, couvert de marbre sculpté. Voir p. 50.

## MUSEO ARCHEOLOGICO NAZIONALE

Le Musée archéologique, l'un des plus riches au monde, réunit d'incroyables trésors antiques. Fresques et mosaïques des villas de Pompéi, bronzes d'Herculanum ou marbres de la collection Farnèse figurent parmi ses chefs-d'œuvre. Voir p. 42.

## QUARTIERI SPAGNOLI

Mystérieux et empreints d'un charme indicible, les Quartiers espagnols constituent l'âme populaire de Naples : ils éclatent de vie, de voix et de couleurs, jouant avec la lumière du soleil qui déboule à l'improviste dans les ruelles. Voir p. 59.

## POZZUOLI

La principale ville de la région des champs Phlégréens est parsemée de spectaculaires ruines antiques : amphithéâtre, temples, marchés, etc. Les plus spectaculaires : l'amphithéâtre Flavien et le temple de Sérapis. Voir p. 78.

## PROCIDA

La plus petite des îles du golfe de Naples a su rester simple et conserver une atmosphère authentique. Ses irrésistibles ports colorés, son village perché et ses jolies plages méritent largement la courte traversée depuis le port de Naples. Voir p. 96.

## POMPÉI

Disparue en 79 sous un épais manteau de cendres, Pompéi nous est parvenue dans un état de conservation exceptionnel. La visite de ce site immense prend la forme d'un véritable voyage au cœur de la vie quotidienne dans l'Antiquité. Voir p. 85.

## CAPRI

Île mythique pour tout amateur de dolce vita, Capri est la vedette du golfe de Naples. Appréciée dès l'Antiquité, elle aimante les voyageurs du monde entier grâce à la beauté de ses côtes, émaillées de petits ports, de villas de rêve et de jardins perchés. Voir p. 98.

## CÔTE AMALFITAINE

D'Amalfi à Positano en passant par Ravello, la côte amalfitaine vous réserve des paysages d'une incomparable beauté. Falaises tombant à pic dans la mer, petits villages accrochés aux rochers, végétation luxuriante et parfumée, voici un vrai coin de paradis. Voir p. 108.

# 10 expériences UNIQUES

## VISITER LE MÉTRO COMME UN MUSÉE

Participez au Metro Art Tour du mardi matin et découvrez, en une dizaine d'escales et pour le prix d'un ticket, les mosaïques, fresques et néons arty de créateurs contemporains (p. 210).

## FRISSONNER AU CIMITERO DELLE FONTANELLE

Dans le quartier de Rione Sanità, ce site à l'atmosphère unique réunit des milliers de crânes et d'ossements appartenant à des âmes sans nom, adoptées par les Napolitains (p. 45).

## GRIMPER DANS UN TAXI DÉCAPOTABLE À CAPRI...

... pour rejoindre, cheveux au vent, la jolie Marina Piccola et piquer une tête dans ses eaux bleu azur (p. 207).

## DÉGUSTER UNE GLACE AVEC VUE SUR LE VÉSUVE

Est-ce le fondant des *gelati* de Bilancione ou l'incroyable vue sur le Vésuve, qui attire une foule de Napolitains sur les hauteurs du Posillipo ? Certainement un peu les deux (p. 139).

## SIROTER UN *ESPRESSO* D'ANTHOLOGIE AU CAFFÈ GAMBRINUS...

... vers 10h, non pas en terrasse, mais plutôt accoudé au bar, rejoignant ainsi la cohorte bruyante et joyeuse des Napolitains (p. 54).

## RANDONNER DANS UNE NATURE IDÉALE

Au-dessus d'Amalfi, la valle delle Ferriere offre une magnifique randonnée entre plantations de citronniers, jungle luxuriante et panoramas sur la côte amalfitaine (p. 110).

## MARCHER SUR LES REMPARTS AU SOLEIL COUCHANT

Rendez-vous sur les hauteurs de Naples, au sommet du Vomero, pour grimper jusqu'au chemin de ronde du Castel Sant'Elmo (p. 64). Au coucher du soleil, la vue sur les îles, le golfe et la ville est inoubliable.

## S'ENFONCER DANS LES ENTRAILLES DE LA VILLE

Sous le lacis des ruelles napolitaines, un autre labyrinthe déploie ses couloirs. Construite sur un sol volcanique très friable, la ville compte un impressionnant réseau de souterrains. Une visite à rebours dans le temps, où l'on découvre vestiges de citernes et même un amphithéâtre (p. 32)

## ADMIRER L'ART DE LA CRÈCHE NAPOLITAINE...

... via San Gregorio Armeno. Les ateliers d'artisans envahissent ce coin populaire de Naples. Au milieu des santons, angelots et vierges, quelques figurines de stars du show-biz s'invitent parfois (p. 32).

## FAIRE DU SNORKELING AU-DESSUS DE RUINES ROMAINES

Au temps de Cicéron, Baia était réputée pour ses thermes. On peut découvrir ses vestiges immergés, en participant à une inoubliable session snorkeling avec Subaia Campania Divers (p. 82 ; www.subaia.com).

# Activités
# 100 % LOCALES

## APPLAUDIR UN OPÉRA AU TEATRO SAN CARLO

**Avec ses six étages** et son décor néoclassique quasi inchangé depuis le XVIIIe s., le Teatro San Carlo est un monument de l'art lyrique. Au programme : concerts, danse, opéra, du répertoire classique et parfois contemporain **(p. 52).**

## PRENDRE LE LARGE EN KAYAK

**Pour mieux admirer la côte** dérouler ses virages le long du golfe de Naples, prenez le large à coups de pagaie. Depuis Posillipo, la vue sur la ville est sublime, rendez-vous à la Baia delle Rocce Verdi ou au Bagno Sirena. **Via Posillipo, 68 ou 357 • ☎ 331 987 427 18 (portable) • www.kayaknapoli.com (HP par A5) • T.l.j. 9h-19h • À partir de 20 €.**

## RANDONNER DANS LA VALLE DELL'INFERNO

Entre le Monte Somma et le Vésuve, **de nombreux sentiers de randonnée** sillonnent cette vallée noire à la végétation méditerranéenne. Une immersion sur les terres du volcan d'où la vue s'étend jusqu'au golfe. De nombreuses informations sur les itinéraires et cartes à télécharger sur **www.parconazionaledelvesuvio.it** **(p. 89).**

## COURS DE LANGUE SUR LE MARCHÉ

**Parce que connaître quelques mots d'italien,** voire de napolitain, change complètement l'expérience et les rencontres, suivez Maria Antonia sur le marché pour une balade gourmande et bavarde à la découverte de la culture de la ville. Accessible aux débutants. 30 €/pers., à partir de deux personnes. Page Facebook : **Walk and talk Naples.**

## DÉGUSTER LES VINS DU VÉSUVE DANS LES VIGNES

**Avec ses terres volcaniques,** le Vésuve offre un terroir unique et minéral où sont cultivés des vins corsés, comme le lacryma-christi, que vous pourrez déguster avec un repas napolitain en visitant la cave de la famille Russo. À partir de 28 €/pers., dégustation et repas avec service gratuit de navette jusqu'à la gare de Torre Annunziata Oplonti **www.cantinadelvesuvio.it**

## PRENDRE UN BAIN THERMAL À ISCHIA

Les Romains le savaient déjà : Ischia est connue pour ses eaux thermales aux vertus curatives. Sur la plage de Sorgeto, la source à 90 ° C plonge directement dans la mer, permettant de prendre des bains chauds toute l'année, mélange d'eau douce et d'eau iodée. Accès par le sentier depuis le village de Panza (suivez les panneaux, p. 95).

# Un grand week-end SUR MESURE

## Première fois à Naples ?

**Suivez notre programme pour ne rien rater des incontournables de Naples… Nous avons découpé la ville en 10 quartiers et proposons 6 escapades dans les environs. Évidemment, en trois jours, vous ne pourrez pas faire toutes ces balades. À vous de voir si vous voulez remplacer telle visite par une autre en fonction de vos centres d'intérêt.**

### PREMIER JOUR

➥ Le matin, on arpente le cœur historique de Naples. Visite du Duomo (quartier 1) et de la cappella Sansevero (quartier 2), puis flânerie dans les ruelles étroites de Spaccanapoli (quartier 3) à la découverte de ses églises, palais historiques et boutiques.

➥ Les amateurs de folklore mettront le cap sur la via San Biagio dei Librai (quartier 3) et découvriront les crèches de la via San Gregorio Armeno (quartier 2).

Ruelle des Quartieri Spagnoli

➥ Pause pizza dans une adresse incontournable : la pizzeria de Gino Sorbillo (quartier 2).

➥ L'après-midi, l'église Santa Chiara et son superbe cloître (quartier 3) offrent un moment de calme. Non loin de là, passage obligé au Musée archéologique (quartier 4).

➥ Pour terminer la journée : un spritz sur la piazza Bellini (quartier 4).

### DEUXIÈME JOUR

➥ On sillonne les Quartieri Spagnoli le matin, quand les échoppes ouvrent, puis on rejoint la piazza Plebiscito par la via Toledo (quartier 7).

➥ Visite du beau Palazzo Reale, de ses salons fastueux et de son théâtre privé (quartier 6).

➥ On peut déjeuner les pieds dans l'eau au Borgo Marinari, face au château de l'Œuf, avant

Borgo Marinari

de se balader sur le *lungomare* et de découvrir les belles demeures qui le bordent, comme la Villa Pignatelli (quartier 9).

➥ En fin d'après-midi, les férus de shopping flâneront dans les rues chics de Chiaia vers la piazza dei Martiri, entre ateliers de créateurs et boutiques de luxe. Le quartier est idéal pour dîner, puis boire un verre (quartier 9).

## TROISIÈME JOUR

➥ Prenez le train vers Pompéi et consacrez une grosse demi-journée à la visite de ses ruines. Traversez le forum, pénétrez dans le Lupanare, découvrez la Casa del Fauno et la Villa dei Misteri (visite 12)...

➥ L'après-midi, reprenez le train pour Naples en direction de Montesanto. Un funiculaire vous mènera sur les hauteurs du Vomero, d'où la vue sur Naples est extraordinaire. La Certosa di San Martino recèle une somptueuse église baroque, deux cloîtres et des modèles de crèches traditionnelles stupéfiants. En sortant, *passeggiata* sur la via Scarlatti, artère principale du Vomero : les boutiques, glaciers et restaurants y sont nombreux (quartier 8).

## CONSEILS DE VISITE

➥ Un séjour de quatre jours est idéal si vous souhaitez passer une journée complète à Pompéi.

➥ À savoir : l'été, les Napolitains quittent la ville et nombre de magasins sont fermés. Malgré la chaleur, l'ambiance peut être très agréable pour visiter en toute tranquillité.

# Si vous prolongez votre séjour...

**Si vous disposez d'une semaine, partez à la découverte des environs. Les quartiers excentrés, les îles du golfe et la côte amalfitaine offrent de belles possibilités d'escapades.**

Palazzo Donn'Anna, à Posillipo

## POSILLIPO (QUARTIER 10)

Aux beaux jours, ce quartier établi sur un promontoire rocheux au-dessus de la mer a les faveurs des Napolitains. Des villas de rêve, qui jouissent de vues extraordinaires sur le Vésuve et Capri, se succèdent le long de la rue principale. Après avoir dégusté une glace chez Bilancione, on peut descendre vers le Capo Posillipo et profiter de son petit port animé, où l'on se baigne lorsqu'il fait chaud. Même effervescence à Marechiaro, où les restaurants de poisson ont les pieds dans l'eau.

## LES ÎLES (VISITES 13 ET 14)

Situées à moins de 1h30 de bateau de Naples, les îles du golfe de Naples offrent de véritables parenthèses enchantées. **Capri**, avec ses villas de rêve et ses jardins luxuriants, se parcourt comme un mythe ! La langoureuse **Ischia** se savoure lentement, entre bains de mer, dégustations de produits locaux et cure thermale. Enfin, **Procida**, la plus proche de Naples, est un confetti au charme encore intact. Une belle balade à pied ou à vélo vous permettra de découvrir ses ports éclatants de couleurs et ses plages volcaniques.

## LA CÔTE AMALFITAINE (VISITE 16)

C'est assurément l'un des plus beaux coins d'Italie. Entre Nerano et Salerne, la côte amalfitaine assure le spectacle avec ses paysages extraordinaires : criques émeraude, villages colorés, dômes couverts de majolique, etc. Amalfi possède des monuments remarquables, vestiges d'une riche histoire ; Ravello abrite d'incroyables villas, dont les jardins sont perchés à plus de 300 m au-dessus de la mer ; enfin, Positano, ancien village de pêcheurs devenu cité balnéaire, ajoute sa touche glamour, entre hôtels de luxe et boutiques à la mode.

Praiano, sur la côte amalfitaine

Procida

# Fêtes & FESTIVALS

## Janvier

### Befana

Le 6 janvier, jour de l'Épiphanie, après les feux d'artifice tirés de la piazza Plebiscito, la sorcière Befana se présente sur la place. Dans les stands installés pour l'occasion, on vend des balais comme celui de la sorcière et des cadeaux de la *Befana*.

### Sant'Antonio Abate

Le 17 janvier, jour de la Sant'Antonio Abate, les Napolitains font un grand nettoyage. Ils entassent à l'extérieur toutes les choses dont ils ne veulent plus et qu'autrefois, ils brûlaient.

## Février

### Carnaval

Le carnaval de Naples a lieu durant la période précédant le mercredi des Cendres. Les enfants se déguisent et défilent dans les rues en lançant des confettis.

## Avril

### Settimana Santa (Semaine sainte)

La procession de Sorrento est l'une des plus impressionnantes : le Jeudi saint, des pénitents défilent à minuit en robes et chapeaux blancs. Le Vendredi saint, ils revêtent des costumes noirs pour commémorer la mort du Christ.

## Mai

### Maggio dei Monumenti (Mai des monuments)

Depuis 1994, de **Pâques à la fin mai**, concerts, spectacles de danse, expositions et conférences se déroulent dans les sites les plus prestigieux de la ville. C'est l'occasion de découvrir, à travers des itinéraires thématiques, des monuments et des collections privées habituellement fermés au public.

**www.comune.napoli.it/maggiodeimonumenti2019 (rubrique « *Turismo e Cultura* »).**

## MUSIQUE CLASSIQUE À SORRENTO ET SUR LA CÔTE AMALFITAINE

Perché sur les hauteurs de la côte amalfitaine, Ravello est l'un des plus beaux villages de la région. Wagner y puisa l'inspiration pour *Parsifal*. En souvenir du compositeur, Ravello organise des concerts de musique classique toute l'année dans les jardins de la Villa Rufolo, où séjourna Wagner. En outre, un **festival** se tient en juillet-août, faisant appel à des artistes prestigieux (☎ 089 85 84 22, www.ravellofestival.com).
À Sorrento, de juillet à septembre, dans le charmant cloître du monastère de San Francesco, se déroule tous les ans l'**Estate Musicale Sorrentina.** Au programme, concerts de musique classique et de jazz : www.sorrentoinfo.com (en anglais).

## AGENDA CULTUREL SUR INTERNET

- www.incampania.com (rubrique « *Eventi* ») ;
- www.napoli.com ;
- www.comune.napoli.it (rubrique « *Turismo e Cultura* ») ;
- www.inaples.it (rubrique « *L'agenda del mese* »).

**San Gennaro**
Le 1er dimanche de mai, date de la Translation des reliques, le sang de San Gennaro, patron de Naples, se liquéfie. Une procession part du Duomo suivie par des milliers de fidèles.

**Wine&Thecity**
Quatre-vingts adresses du quartier de Chiaia, de la bijouterie à la galerie d'art, organisent vernissages, performances et apéritifs pour célébrer la culture du bon vin, de la mode, du design, de l'art et de la musique.
**www.wineandthecity.it**

### Juin

**Napoli Teatro Festival Italia**
Grands classiques ou créations contemporaines, danse ou théâtre, les grands maîtres de la scène européenne se retrouvent à Naples chaque année. De théâtres traditionnels en musées, les spectacles sont partout durant trois semaines (en version originale surtitrée).
**www.napoliteatrofestival.it**

**Estate a Napoli**
Le festival « Été à Naples » propose spectacles et films dans toute la ville.
**www.comune.napoli.it**

### Juillet

**Pozzuoli Jazz Festival**
Début juillet, Pozzuoli accueille un fantastique festival de jazz. Sa particularité ? Les concerts ont lieu au milieu des ruines antiques de la région. Unique !
**www.pozzuolijazzfestival.it**

**Festa della Madonna**
Le 16 juillet, cette fête célèbre, sur la place du même nom, la sainte qui aurait sauvé du feu l'église del Carmine. La cérémonie débute par l'Incendio pendant lequel on met le feu à une structure en bois, et s'achève par un feu d'artifice.

**Neapolis Live Festival**
Ben Harper, Nick Cave, Massive Attack, etc. ce festival de rock programme les grands noms de la scène internationale sur un ancien site industriel de Bagnoli (2e w.-e.).
**www.neapolis.it**

### Septembre

**Festa di Piedigrotta**
Ce festival (1re quinzaine du mois) est dédié à la Madone de l'église Santa Maria de Piedigrotta : messes, chansons, spectacles théâtraux et pyrotechniques.

**Festival du film**
Installé dans le Castel Sant'Elmo, ce festival célèbre, durant la seconde quinzaine du mois, le cinéma méditerranéen et européen, et donne un coup de projecteur sur les nouveaux talents italiens.
**www.napolifilmfestival.com**

# Visites

# PAR QUARTIER

Baie d'Amalfi

# À SAVOIR

## VISITER NAPLES ET SES ENVIRONS

Nous avons découpé la ville de Naples en 10 quartiers, et ses environs en 6. Le centre historique se parcourt à pied. Pour les quartiers plus éloignés, prenez le métro, et, pour grimper sur les hauteurs du Vomero, utilisez les deux funiculaires. Des trains vous permettent de rejoindre **Pompéi, Herculanum** et **Pozzuoli.** Pour vous rendre sur les îles : les ferrys classiques ou les hydroglisseurs. Pour aller à **Sorrento,** vous pouvez opter pour le bateau ou le train. Pour la **côte amalfitaine,** le mieux est d'y aller en bus, via Sorrento ou Salerne.

Piazza Plebiscito, Naples

## LIRE LES CARTES

→ Chaque visite est accompagnée d'un plan détaillé sur lequel nous avons placé tous les **points d'intérêt** du quartier.

→ Les **pastilles de couleur** indiquent nos bonnes adresses de **restos,** de **bars** et de **boutiques.**

→ Le numéro de la pastille colorée correspond à celui attribué à chacune des adresses. Reportez-vous au chapitre concerné pour lire la notice de l'établissement.

Castello Aragonese, Ischia

## SE DÉPLACER

**À pied,** c'est le meilleur moyen de découvrir la ville et de se perdre dans les ruelles du centre historique.

**En métro,** vous rejoindrez les quartiers les plus éloignés : plusieurs stations ont été décorées par des artistes contemporains.

**En bateau,** vous rejoindrez les trois îles ou Sorrento. Pour les îles, il est possible de faire l'aller-retour dans la journée.

**En train,** pour rejoindre Pompéi, Herculanum ou encore la côte amalfitaine et la péninsule de Sorrento.

## SE BAIGNER

De mai à octobre, la tentation de piquer une tête est immense ! Partez vers les îles, en particulier sur **Procida** et **Ischia** (p. 94). La **côte amalfitaine** (p. 108) offre, quant à elle, un cadre grandiose, mais les plages n'y sont pas si nombreuses. Si vous restez en ville, dans le quartier du **Posillipo,** le Bagno Elena (p. 76) est une plage privée installée dans une jolie petite baie. Pour en savoir plus, lire l'encadré p. 206.

### GRATUITÉ

→ **Les musées nationaux** sont gratuits tous les 1er dimanche du mois.

→ **La Notte dei Musei** permet de visiter gratuitement (ou pour 1 €) et en nocturne les principaux établissements de la ville le 2e w.-e. de mai (p. 210).

→ **Conseil :** osez pousser les portes des palais du centre-ville.

# 1 Le quartier DU DUOMO

● Restos & bistrots p. 118 ● Boutiques p. 180

**La via del Duomo est une artère essentielle dans la culture napolitaine : les reliques de San Gennaro, saint patron de la ville, y reposent ! Mais la rue est également connue pour ses extravagantes boutiques de mariage, où les mètres de dentelle, d'organdi et de satin s'amoncellent. Un double visage révélateur de l'esprit de ce quartier populaire aux ruelles animées et aux petits marchés pleins de charme. Il regorge de trésors historiques et culturels, à découvrir en toute tranquillité.**

## ❶ DUOMO★★

**Cathédrale**

La cathédrale, commencée au XIII$^{e}$ s., fut construite sur le site d'une basilique datant du V$^{e}$ s. Elle ne conserve que peu de traces du gothique angevin de ses origines, l'édifice ayant subi de nombreuses

- et parfois malheureuses - modifications. Connu essentiellement pour abriter le trésor de San Gennaro (visite à part, p. 26), le Duomo possède bien d'autres richesses. L'impressionnante nef, la chapelle Santa Restituta et surtout le baptistère paléochrétien méritent une visite.

## Un mille-feuille de styles

C'est à Charles Ier d'Anjou et à son fils Charles II, dit le « Boiteux », que l'on doit la construction du Duomo, qui s'étale entre la fin du XIIIe s. et le début du XIVe s. De cette époque ne subsistent que les trois portails gothiques de la façade, conçus par Antonio Baboccio da Piperno, qui participa aux travaux du Duomo de Milan. Les tremblements de terre de 1349 et de 1456, les remaniements de la Renaissance, les ornementations baroques et les restaurations du XIXe s. ont résolument modifié la structure et l'harmonie gothique de l'édifice.

## Les nefs

En forme de croix latine, l'intérieur éblouit par son faste. Soutenue par 16 piliers polystyles adossés à 110 colonnes antiques, la nef centrale est couverte d'un plafond en bois, orné de peintures datant de 1621. En haut des murs, des fresques de Luca Giordano représentent les saints

Duomo

apôtres, les docteurs de l'Église et les patrons de la cité.

### La basilique Santa Restituta et le baptistère San Giovanni in Fonte

La partie gauche du Duomo, la plus archaïque, correspond à l'ancienne basilique paléochrétienne. La dernière chapelle sur la gauche renferme une **mosaïque** de 1322, réalisée par Lello Da Orvieto : la Vierge, sainte Restitute et saint Janvier sont présentés dans une belle harmonie toute byzantine. À droite cette fois, un véritable chef-d'œuvre vous attend dans le **baptistère** (entrée payante), qui serait le plus ancien du monde occidental. La voûte et une partie des murs sont encore recouvertes par d'admirables mosaïques aux tons bleu et or datant du Ve s. Elles représentent les épisodes bibliques des Noces de Cana, de la Pêche miraculeuse et de la Lapidation de saint Étienne.

**Via del Duomo, 149 • ☎ 081 44 90 97 • www.chiesadinapoli.it • Lun.-sam. 8h30-13h30 et 14h30-20h, dim. et j.f. 8h30-13h30 et 16h30-19h30 • Accès libre dans la nef • Baptistère : 2 €.**

## ❷ MUSEO DEL TESORO DI SAN GENNARO★★

Depuis le XVIIe s., les reliques de San Gennaro sont conservées dans le chef-d'œuvre baroque de la chapelle du Trésor, construite en 1608 pour honorer un vœu que les Napolitains avaient fait au saint patron de la ville lors d'une épidémie de peste en 1526.
Un musée présente désormais les trésors associés au patron de la ville San Gennaro en même temps que la chapelle qui lui a été dédiée.

### Le miracle de la liquéfaction du sang

Décapité en 305, le corps de Gennaro fit des allers-retours entre Naples et Bénévent, dont il était l'évêque. Lorsque, au XVe s., on procéda à une dernière translation du corps, le sang du saint se mit à couler et fut recueilli dans des ampoules. Depuis, chaque année, le 1er dimanche de mai et le 19 septembre, le sang coagulé de San Gennaro se liquéfie. Le rite, datant du XIVe s., a presque fonction d'oracle. Si le miracle est retardé ou ne s'accomplit pas, c'est le signe de graves malheurs.

### La cappella di San Gennaro

Cette chapelle frappe par sa magnificence. Toute de marbre, d'argent et de bronze, elle abrite le trésor de San Gennaro : un buste reliquaire en argent doré renfermant le crâne du saint et les fameuses ampoules contenant son sang coagulé. La chapelle Minutolo (à droite du maître-autel), qui a conservé sa structure gothique, est ornée de mosaïques de la même époque.

**Via del Duomo, 149. Entrée indépendante, située du côté droit du**

Duomo • www.museosangennaro.it/fr • ☎ 081 29 49 80 • T.l.j. 9h-17h • Entrée : 6 €.

## ❸ MUSEO DIOCESANO ET CHIESA SANTA MARIA DONNAREGINA VECCHIA**

On entre dans ce vaste complexe conventuel par l'église baroque de Santa Maria Donnaregina Nuova, commandée au XVIIe s. par les sœurs clarisses installées ici. La décoration est particulièrement exubérante : marbres polychromes, fresque de Francesco Solimena au-dessus du presbytère, tableaux de Luca Giordano sur l'autel, etc. À l'étage, on découvre les collections du Musée diocésain de Naples, qui contient près de 300 œuvres de peintres napolitains du XVIe au XIXe s. Vaccaro et De Matteis figurent parmi les artistes les plus fameux.

### Santa Maria Donnaregina Vecchia

Le clou de cette visite est sans conteste la découverte de l'église Donnaregina Vecchia, à laquelle on accède après avoir traversé une petite cour. Commandée en 1307 par Marie de Hongrie, épouse de Charles II d'Anjou, elle fut achevée en 1316. Le plafond à voûte croisée, les hautes fenêtres jumelées ou les piliers octogonaux sont caractéristiques du gothique angevin. La reine, qui devait apprécier l'endroit, ordonna ensuite que sa sépulture y fût édifiée. Le baldaquin gothique incrusté de mosaïques et les délicates statues de saints et d'anges présentent une unité parfaite. Avant de partir, montez au 1er étage, dans le chœur destiné aux sœurs : un splendide cycle de fresques, peint à l'époque de la construction de l'église, vous attend. L'incendie qui l'a quelque peu altéré et les ajouts postérieurs n'ont pas réussi à briser son extraordinaire harmonie.

Largo Donnaregina, 7 • www.museodiocesanonapoli.com • ☎ 081 557 13 65 • Mer.-lun. 9h30-16h30, dim. 9h30-14h • Entrée : 6 €.

Chiesa Donnaregina Vecchia

## ❹ MADRE★★

**Musée d'Art contemporain**
Voici une pause contemporaine bienvenue dans le centre historique de Naples ! Le MADRE s'est installé derrière la flamboyante façade jaune du Palazzo Donnaregina. Au rez-de-chaussée, on est accueilli par l'œuvre de Daniel Buren, tout en couleurs et illusions. Au 1er étage, place à la crème des artistes contemporains, d'Italie et d'ailleurs : Jeff Koons, Anish Kapoor, mais aussi Sol LeWitt ont réalisé in situ des œuvres pour le musée. Au second, de belles surprises, comme les croquis d'Ettore Sottsass ou un Warhol. L'ensemble se déploie sur près de 8 000 m² et accueille également des expositions temporaires, une librairie et un café.

**Via Luigi Settembrini, 79 • ☎ 081 193 13 016 • www.madrenapoli.it • Lun., mer.-sam. 10h-19h30, dim. 10h-20h • Entrée : 8 € ; gratuit 1er dim. du mois.**

## Pause traditionnelle chez Da Michele

Ici, la pizza prend tout son sens, exquise et sans fioritures. On n'y sert que la *margherita* et la *marinara* (ail, huile, tomates, origan). Ouvert depuis 1888, l'endroit n'a guère changé d'aspect depuis les années 1930 : trois salles autour du four à bois central. La qualité et les prix défient toute concurrence (7 € pour une pizza-bière). Incontournable et toujours bondé !

**● 3 • Via Cesare Sersale, 1/3 • M° Garibaldi • ☎ 081 553 92 04 • www.damichele.net • Lun.-sam. 11h-23h.**

Ospedale Santa Maria della Pace

## ❺ OSPEDALE SANTA MARIA DELLA PACE★★

**Hôpital Santa Maria della Pace**
Ce palais accueillait les lépreux, puis les infirmes jusqu'au début des années 1960. Plafonds et murs sont superbement décorés des fresques de G. Diano. Du haut des galeries intérieures, parents et amis venaient voir leurs proches, sans s'exposer aux risques de la contagion. L'ancien hôpital est aujourd'hui une église dédiée au culte ukrainien.

**Via dei Tribunali, 227 • Pour visiter le Lazzaretto, r.-v. au 081 795 13 39 • Accès libre.**

# 2 La via dei Tribunali et SAN LORENZO MAGGIORE

● Restos & bistrots p. 119 ● Bars, clubs & sorties p. 158 ● Boutiques p. 180

La via dei Tribunali, qui traverse le centre de Naples d'ouest en est, correspond à l'ancien *decumanus maximus* romain, axe majeur de la cité antique. Aujourd'hui scooters, piétons et enfants jouant au foot tentent d'y faire bon ménage. Images pieuses trônant au milieu des tomates sur les étals des marchands ambulants, modestes boutiques d'alimentation, églises baroques ou gothiques, pizzerias et santons forment l'étonnante mosaïque de cette Naples intemporelle et populaire.

## ❶ PIAZZA SAN GAETANO*

Cette place asymétrique, bordée par de nombreux monuments, est aujourd'hui l'un des points de rencontre principaux du centre de Naples. Rien d'étonnant à cela : elle se situe à l'endroit même de l'ancienne agora grecque de Neapolis, puis du forum romain qui l'a remplacée. Montez l'escalier qui grimpe vers la **basilica San Paolo Maggiore,** construite sur l'ancien temple romain des Dioscures, et remarquez les deux colonnes antiques qui soutiennent encore l'édifice. Leur taille impressionne !

## ❷ COMPLESSO MONUMENTALE SAN LORENZO MAGGIORE★★★

Joyau de l'art gothique angevin, San Lorenzo Maggiore fut commandée par Charles Ier d'Anjou à la fin du XIIIe s. Vaste complexe conventuel, il recèle nombre de merveilles disséminées entre sa basilique, son cloître et son monastère. Mais une surprise vous attend dans ses entrailles : des ruines grecques, romaines et paléochrétiennes de grande valeur ont été mises au jour et peuvent se découvrir au cours d'une passionnante visite guidée.

### Basilique San Lorenzo Maggiore

L'ensemble a beaucoup évolué au cours des siècles, mais la basilique a peu à peu retrouvé son harmonie gothique. Des multiples modifications baroques, seules la façade, que l'on doit à Sanfelice (p. 49), et deux chapelles ont été conservées. La nef unique est un brillant manifeste pour l'art gothique, ses hautes colonnes de pierre guidant le visiteur vers le maître-autel de G. Da Nola, subtilement mis en valeur par le déambulatoire aux neuf chapelles rayonnantes. Le **tombeau de Catherine d'Autriche,** œuvre de Tino Di Camaino, est un pur chef-d'œuvre.

### Le cloître, la salle capitulaire et le réfectoire

À droite de la façade de l'église, une entrée mène au cloître. Remarquez les fondations d'une ancienne tour antique au milieu de sa cour. En face, la salle capitulaire gothique, avec ses fresques présentant des généalogies de papes, d'évêques et de dignitaires franciscains, est un véritable *Who's Who*. Quant au vaste réfectoire, également appelé **« salle Sixte V »,** il servit un temps au Parlement royal aragonais. Les jolies fresques qui couvrent ses voûtes datent du XVIIe s.

Façade de San Lorenzo Maggiore

### La zone archéologique (La Neapolis Sotterrata)

Un fabuleux voyage dans le temps, qui permet de comprendre l'histoire de Naples à travers ses différentes strates de construction. Vous découvrirez l'**ancien marché romain** (*macellum*) avec sa salle des coffres, ses échoppes, sa tannerie ou sa boulangerie, mais aussi une **basilique paléochrétienne** et des vestiges de fondations grecques. Une visite qui peut être approfondie au Museo dell'Opera (à droite de la billetterie).

Via dei Tribunali, 316 • ☎ 081 211 08 60 • www.laneapolissotterrata.it
**Église** : lun.-sam. 8h30-19h, dim. 9h-13h et 17h-19h30 • Entrée gratuite.
**Cloître, zone archéologique et musée** : t.l.j. 9h30-17h30 • Entrée : 9 € ; avec la visite guidée : 10 € • Pour réserver la visite en français : visite.sanlorenzo@libero.it

## ❸ NAPOLI SOTTERRANEA★★

Le sous-sol de Naples est une vraie leçon d'histoire. À quelques pas de San Paolo Maggiore, l'association Napoli Sotterranea (p. 211) vous révélera tous ses secrets au cours d'une visite guidée de près de 2h. On découvrira des carrières de tuf d'origine grecque, un aqueduc d'époque romaine, un abri antiaérien, des réservoirs d'eau et des catacombes.

Piazza San Gaetano, 68 • ☎ 081 29 69 44 ou ☎ 340 460 60 45 • www.napolisotterranea.org • Visites t.l.j. 10h-18h (21h jeu.) sur résa (par tél. ou info@napolis otterranea.org) en italien, en anglais ou en français (moins nombreuses) • Entrée : 10 €.

## ❹ VIA SAN GREGORIO ARMENO★

C'est dans cette longue ruelle que l'on trouve les fameuses crèches napolitaines, héritage d'une tradition locale séculaire. Des plus simples aux plus sophistiquées, elles envahissent boutiques et ateliers. Les plus beaux santons et décors, fabriqués depuis plus de quatre siècles de manière artisanale, côtoient désormais les caricatures de stars du show-biz, du sport ou de la politique ou les articles *made in China*. Dès novembre, une chaleureuse atmosphère de fête familiale s'empare de la rue. Il faut près de 2h pour la parcourir le jour de l'Immacolata (8 décembre), alors que cinq minutes à peine suffisent en temps normal !

## ❺ CHIESA DI SAN GREGORIO ARMENO★★

Construit au VIIIe s. pour abriter les reliques de saint Grégoire, évêque d'Arménie, le couvent fut ensuite transformé afin d'isoler les religieuses du reste des fidèles. L'église actuelle, datant de la fin du XVIIe s., est d'une féerique exubérance baroque : les

Via San Gregorio Armeno

stalactites de boiseries incrustées et dorées ainsi que les plafonds à caissons sont remarquables.

### Le cloître

En sortant de l'église, remontez la via San Gregorio Armeno, puis tournez à gauche. Un large escalier en pente douce, ancienne entrée du couvent, vous mènera dans un paisible cloître. Il s'organise autour d'un délicieux jardin, au centre duquel se trouve une fontaine bordée d'orangers. Prenez le temps d'en faire le tour, c'est un havre de paix incomparable : tintements de cloche, odeurs de fleurs et de cuisine, et pas furtifs des sœurs vous accompagneront. En sortant, remarquez le campanile coloré datant du XVIIe s. qui enjambe la via San Gregorio Armeno.

**Via San Gregorio Armeno, 44 • ☎ 081 552 01 86 • Lun.-ven. 9h30-13h, sam.-dim. 15h-18h • Entrée : 4 €.**

## ❻ SANTA MARIA DELLE ANIME DEL PURGATORIO*

**Sainte-Marie-des-Âmes-du-Purgatoire**

Trois petites colonnes de pierre surmontées d'une tête de mort en bronze ainsi que des œillets déposés chaque jour signalent cette église dite « des têtes de mort ». Construite au XVIIe s., elle tire sa macabre originalité de son cimetière souterrain et ossuaire. Les crânes bichonnés et conservés dans des niches rappellent que ce culte populaire des âmes du purgatoire, bien que désavoué par l'Église en 1967, demeure vivace.

Via dei Tribunali, 39 • ☎ 081 44 04 38 • www.purgatorioadarco.it • Janv.-mars lun.-ven. et dim. 10h-14h, sam. 10h-17h ; vis. guidée pour le musée lun.-ven. et dim. 10h30-13h10 (ttes les 40 min) et sam. 10h30-16h15 (ttes les 45 min) ; avr.-déc. lun.-sam. 10h-18h et dim. 10h-14h ; vis. guidée pour le musée 10h30-17h (ttes les 45 min) • Entrée pour le musée : 6 € • Contribution demandée pour l'église supérieure et hypogée.

## 7 CAPPELLA SANSEVERO ET *LE CHRIST VOILÉ*★★★

**Chapelle Sansevero**

Construite en 1590 pour abriter les tombes de la famille Di Sangro, la chapelle doit sa riche décoration baroque, où se mêlent symboles maçonniques et chrétiens, au prince Raimondo Di Sangro. Il y fit ajouter au XVIIIe s. des marbres polychromes, des fresques et surtout les statues qui la rendirent célèbre.

Cappella Sansevero

## Pause pizza chez Gino Sorbillo

Dans la via dei Tribunali, on trouve de très nombreuses pizzerias... Au n° 32, l'« Antica Pizzeria » de **Gino Sorbillo,** à la devanture bleu et blanc, figure parmi les plus réputées. La pâte, qui lève pendant 12 à 14h, y est moelleuse et dorée comme nulle part ailleurs. Une merveille ! Si la queue est trop longue (fréquent) et que vous ne redoutez pas les apports caloriques, vous pouvez vous rabattre sur la version street food, chez **Zia Esterina Sorbillo.** Sa *pizza fritta* (3,50 €), chausson de pâte à pizza bio fourré de ricotta frite dans l'huile, est dé-li-cieuse.

**● 8 • Gino Sorbillo : via dei Tribunali, 32 • www.sorbillo.it • Lun.-sam. 12h-15h30 et 19h-23h.**
**Zia Esterina Sorbillo : via dei Tribunali, 37 • ☎ 081 442 13 64 • www.sorbillo.it • Lun.-sam. 12h-15h30 et 19h-23h.**

## L'exubérance baroque

Troublantes de réalisme, les sculptures baroques qui ornent la chapelle sont des chefs-d'œuvre de virtuosité. À droite du chœur, le *Disinganno* (« la Désillusion ») de Francesco Queirolo, qui tente de se libérer d'un filet sculpté, est une prouesse technique. Réalisée en mémoire de la mère de Don Raimondo, morte prématurément, la *Pudicizia* (« la Pudeur ») d'Antonio Corradini prend la forme d'une femme dont le corps est suggéré par un voile.

## *Le Christ voilé*

C'est à Giuseppe Sanmartino que l'on doit ce Christ allongé d'une beauté dramatique. Sculptée en 1753, l'œuvre est célèbre pour l'extraordinaire finesse du voile qui couvre le corps du Christ mort. La transparence du plissé de marbre laisse deviner le détail des formes, soulignant la force expressive du gisant. *Le Christ voilé* est, de loin, la sculpture la plus émouvante de toutes les collections napolitaines.

## Une personnalité excentrique

Né en 1710, le prince Raimondo Di Sangro développa très vite une passion pour les sciences diverses. Féru de mécanique, d'hydrostatique, d'alchimie et d'anatomie, il étudia de très près la complexité du réseau sanguin humain. La légende raconte que les deux écorchés présentés dans la crypte seraient le résultat d'une de ses expériences, pratiquée sur deux de ses serviteurs !

Via F. De Sanctis, 19 • ☎ 081 551 84 70 • www.museosansevero.it • Lun.-ven. 9h-19h, sam. 9h-20h30 (19h janv.-mai), f. billetterie 30 min avant • Entrée : 8 €.

# 3 Spaccanapoli ET SANTA CHIARA

● Restos & bistrots p. 120 ● Bars, clubs & sorties p. 158 ● Boutiques p. 183

« Spaccanapoli » : comme son surnom l'indique, cette étroite et longue rue, située sur le tracé de l'ancien *decumanus inferior* romain, « fend Naples » des hauteurs de San Martino jusqu'à la gare. Les dizaines d'églises et de palais qui s'y sont établis l'ont transformée en un incroyable musée en plein air. C'est aussi l'un des quartiers les plus animés de la ville, avec ses boutiques, ses ateliers d'artisans, ses universités et ses terrasses de café accueillantes.

## ❶ PIAZZA DEL GESÙ NUOVO*

Cette vaste place bordée de palais et d'églises prestigieuses est une « porte d'entrée » de choix dans Spaccanapoli. La ***guglia dell'Immacolata,*** haute flèche dans le plus pur style baroque, sert de repère aux touristes comme aux Napolitains. En suivant la pente vers le sud, la large **calata**

**Trinità Maggiore** dispose de quelques terrasses agréables.

## ❷ CHIESA DEL GESÙ NUOVO**

Sous sa façade Renaissance avec son bossage en pointe de diamant, cet ancien palais des princes de Sansevero fut racheté en 1584 par les pères jésuites pour devenir l'église du Gesù Nuovo. Les amateurs d'art baroque iront voir les riches marbres polychromes qui ornent l'intérieur, et ne manqueront pas la chapelle des ex-voto !

**Piazza del Gesù Nuovo • ☎ 081 557 81 51 • Lun.-sam. 7h15-13h et 16h-20h, dim. 8h-14h et 16h-21h • Accès libre.**

## ❸ COMPLESSO MONUMENTALE SANTA CHIARA***

La pureté des lignes gothiques de l'église de Santa Chiara contraste avec celles du Gesù Nuovo, situé juste en face. Construite en tuf jaune entre 1310 et 1317 sur ordre de Robert d'Anjou et de son épouse Sancia de Majorque, elle est complétée dès l'origine par deux ensembles monastiques, qui lui sont adossés. L'un est destiné aux frères mineurs franciscains ; l'autre, aux sœurs clarisses.

### Une église royale

Le dramatique bombardement du 4 août 1943 a, de façon inattendue, révélé l'aspect originel de Santa

Banc du Chiostro delle Clarisse

Chiara. L'incendie qui s'ensuivit ravagea presque entièrement les ornementations baroques qui avaient recouvert, au XVIII$^{e}$ s., la majeure partie des éléments de gothique angevin. Aujourd'hui, on découvre avec émerveillement ce décor minimaliste digne de la règle des Franciscains. Les élégants tombeaux de Robert et de Charles d'Anjou, ainsi que celui de Marie de Valois (exécuté par Di Camaino), rappellent la vocation royale de l'édifice. Pour les Napolitains, se marier à Santa Chiara reste le fin du fin ! On les comprend...

### Chiostro delle Clarisse

Derrière l'église, à l'écart du tumulte de la ville, le couvent des Clarisses abrite un sublime cloître. Ses murs sont peints d'innombrables fresques, mais c'est son jardin qui force l'admiration. Réaménagé par Domenico Antonio Vaccaro en 1739, on découvre avec ravissement ses 72 piliers octogonaux couverts de majolique peinte de vignes et de citronniers. Les bancs et murets, qui structurent la forme générale du jardin, sont colorés de scènes champêtres, de paysages napolitains ou de scènes mythologiques. Les tons bleu, jaune et vert invitent à la rêverie, à l'ombre d'une pergola conquise par la glycine. Des fontaines et des dizaines d'orangers finissent de conférer à l'endroit une atmosphère de jardin d'Éden.

### Museo dell'Opera

Au fond du cloître, le musée contient de nombreuses œuvres d'art issues des collections de Santa Chiara. Certains éléments proviennent des différents décors détruits par les tremblements de terre et le bombardement de 1943. Marbres gracieux, bas-reliefs sculptés, manuscrits enluminés ou colonnes torsadées sont mis en scène de belle manière.

**www.monasterodisantachiara.com**
**Église : via Benedetto Croce • ☎ 081 191 688 28 • Lun.-sam. 7h-13h et 16h30-20h.**
**Musée et cloître des Clarisses : Santa Chiara, 49/C • ☎ 081 551 66 73 • Lun.-sam. 9h30-17h30 et dim. 10h-14h30, f. billetterie 30 min avant • Entrée : 6 € (offre 25 % de réduction sur l'entrée des Catacombe di San Gennaro, p. 46).**

## ❹ PALAZZO VENEZIA★

Ce vaste palais napolitain, dont la première construction remonte au XV^e s., servit de résidence officielle aux consuls de Venise durant près de 400 ans. L'association culturelle qui a investi les lieux permet aujourd'hui de le visiter gratuitement. Vous découvrirez quelques-unes de ses vastes pièces où les œuvres d'art des résidents abondent, ses terrasses encombrées de plantes et son joli jardin à l'arrière, qui possède une délicieuse *casina pompeiana* de style néoclassique. En sortant, ne manquez pas d'admirer l'escalier monumental du XVI^e s.

**Via Benedetto Croce, 19 • www.palazzovenezianapoli.com • ☎ 081 552 87 39 • T.l.j. 10h-13h30 et 15h30-19h • Accès libre (donation demandée).**

## ❺ PIAZZA SAN DOMENICO MAGGIORE★★

Aménagée à la Renaissance par les souverains aragonais, la piazza s'entoure au XVII^e s. de palais aristocratiques. Autour de la flèche (*guglia*), érigée à la fin de l'épidémie de peste de 1656, se rassemblent étudiants, chanteurs ou bateleurs, spectacles de rue improvisés et *bancarelle*. On entre dans l'**église de San Domenico Maggiore** (www.museosandomenicomaggiore.it. Lun.-sam. 9h30-12h et 16h30-19h, dim. 9h30-12h), au style hétéroclite, par un escalier qui débouche dans l'abside. Ses chefs-d'œuvre, au nombre desquels on comptait un Caravage, ont été déplacés au Capodimonte (p. 44). En sortant par l'arrière, un porche mène à un **cloître** et à l'ancien couvent.

## Pause douceurs à la pâtisserie Scaturchio

Une institution depuis le XIXe s. Oubliez votre régime et offrez-vous un *ministeriale*, normal ou mini. C'est un exquis médaillon de chocolat fondant, fourré de crème à la liqueur, dont la recette est secrète (12 € le paquet de six) ! Nombreuses autres pâtisseries, comme de délicieux babas, mais aussi des glaces.

**● 22 • Piazza San Domenico Maggiore, 19 • ☎ 081 551 69 44/70 31 • www.scaturchio.it • T.l.j. 7h30-20h30.**

Des expositions temporaires y sont parfois organisées.

## ❻ VIA SAN BIAGIO DEI LIBRAI**

San Biagio est le quartier des bijouteries et des vendeurs de saint-sulpiceries. Calices, figurines et madones illuminées offrent un spectacle inattendu au milieu des ateliers d'art de statues sacrées. Rendez une visite à Luigi Grassi, au n° 39 de la rue, dans son *Ospedale delle Bambole*. Ce sympathique « chirurgien » restaure, avec brio, poupées d'époque, santons et marionnettes. Mieux prendre rendez-vous (☎ 081 186 397 97, Facebook : Ospedale delle Bambole, lun.-ven. 10h-17h30, sam. 10h-18h et dim. 10h-14h) pour ne pas risquer de trouver porte close.

**Via San Biagio dei Librai.**

## ❼ CAPPELLA DEL MONTE DI PIETÀ**

**Chapelle du Mont-de-piété**

Le mont-de-piété fut fondé en 1539 pour aider les nécessiteux. En 1597, l'institution acquiert un édifice majestueux et une chapelle. Récemment restaurée, cette dernière affiche une belle façade parée de sculptures du Bernin et de Michelangelo Naccherino. À l'intérieur, de superbes fresques.

**Via San Biagio dei Librai, 114 • Sam. 10h-18h, dim. 10h-14h • Accès libre.**

Chiesa San Domenico Maggiore

# 4 De la piazza Bellini au MUSÉE ARCHÉOLOGIQUE

● Restos & bistrots p. 126 ● Bars, clubs & sorties p. 160 ● Boutiques p. 186

**Le quartier situé autour de Port'Alba, ancienne porte ouverte en 1625 pour connecter le centre et les faubourgs populaires, est animé jusqu'à une heure tardive. Flânez dans ses rues, qui ont gardé leur spécialisation d'antan : instruments de musique, livres, antiquités, etc. La journée, la piazza Dante fait figure de centre névralgique ; le soir, c'est la piazza Bellini qui attire une foule d'étudiants et de fêtards.**

## ❶ PIAZZA VINCENZO BELLINI★★★

Cette place marque une des frontières avec l'ancienne ville gréco-romaine dont on voit encore les vestiges de l'enceinte du IVe s. av. J.-C. Réaménagée et rendue aux piétons, elle est devenue un lieu de rencontre privilégié, sous la statue de Vincenzo Bellini. Pour boire, grignoter et discuter sous la glycine, choisissez votre café selon votre style : café-librairie, café maure ou bistrot arty. Pendant

## Pause en terrasse au Bellini

Le Bellini a trois spécialités : les *linguine al cartoccio* (des pâtes cuites en papillote avec fruits de mer à 16,50 €), la pizza Bellini (jambon, champignons et mozzarella à 7,50 €) et ses serveurs ! Humeurs changeantes, humour surprenant et théâtralité parfaite, ils sont indissociables de l'endroit. Vous pourrez apprécier aussi le risotto *terra e mare* (10 €). Renoncez en revanche au vin blanc de la maison. Belle et assez grande terrasse en été, vite prise d'assaut.

**● 28 • Via Santa Maria di Costantinopoli, 79-80 • ☎ 081 45 97 74 • www.ilbelliniristorante.it • T.l.j. 12h-15h30 (16h dim.) et 19h-minuit (f. dim. soir).**

les mois d'été, mieux vaut arriver avant 23h pour avoir une table, car la place est prise d'assaut par les Napolitains de tous âges.

## ❷ VIA SAN SEBASTIANO**

Cette rue à proximité du fameux **Conservatorio di Musica San Pietro a Majella** est le paradis des musiciens. Les amateurs y trouveront aussi bien des textes spécialisés, des partitions rares, des bibliographies musicales que d'excellents instruments. Au passage, n'oubliez pas de jeter un coup d'œil à la très jolie cour du conservatoire (via San Pietro a Maiella, 4, accès libre).

## ❸ LE QUARTIER DES LIBRAIRES*

Entre la place Dante et la place Vincenzo Bellini, la **via Port'Alba** est le royaume des libraires et des bouquinistes. Quelques pas plus loin, dans la rue San Pietro a Majella, la **librairie Colonnese** (Vico San Pietro a Maiella, 32-33 ☎ 081 45 98 58, www.colonnese.it, t.l.j. 10h-19h30) organise aussi des expositions et des débats. Dans une ambiance feutrée, vous dénicherez cartes postales et illustrations, toujours de très belle qualité.

Via Port'Alba.

## ❹ PIAZZA DANTE**

Autrefois située en dehors des murs de la ville, la piazza Dante accueillait un vaste marché (d'où son autre nom de « Largo del Mercatello »). Elle prend son allure actuelle au XVIIIe s. Au centre trône la statue du poète le plus célèbre d'Italie, auteur de la ***Divina Commedia***. La belle façade en hémicycle, dessinée par Vanvitelli, accueille 26 figures, allégories des qualités du souverain. Dotée de quelques palmiers, la place possède aussi trois églises, des cafés, une bonne cave à vins (Enoteca Dante, au nº 18) et des librairies...

## ❺ VIA BELLINI ET GALLERIA PRINCIPE**

Sur le chemin du Musée archéologique, empruntez la via Vincenzo Bellini depuis la piazza Dante. C'est une rue paisible, dont la partie supérieure est aménagée en voie piétonne. Jetez un coup d'œil à l'orgueilleux bâtiment de l'**Accademia di Belle Arti** (au n° 36, fermée pour travaux : galleria@accademiadinapoli.it). Plus haut, la **Galleria Principe,** magnifique galerie commerçante des années 1880 couverte d'une verrière, semble quelque peu abandonnée. Des expositions artistiques y ont toutefois lieu, assez rarement.

Via Bellini, 36 • ☎ 081 44 19 00 • www.abana.it • Mar.-sam. 10h-14h • F. au public.

## ❻ MUSEO ARCHEOLOGICO NAZIONALE***

Créé en 1818 par Ferdinand IV, le Musée archéologique réunit les antiquités de la collection Farnèse et les trésors des fouilles de Pompéi, d'Herculanum et des autres sites de la région. C'est l'un des musées archéologiques les plus riches au monde !

### La sculpture grecque et romaine (r.-d.-c. et salle du cadran solaire)

Dans la galerie des sculptures de la Campanie romaine, faites la rencontre du célèbre *Doryphore* (V^e^ s. av. J.-C.) de Polyclète d'Argos,

Sculpture au Museo Archeologico Nazionale

dont les proportions idéales ont servi de modèle. Autre expression idéale, celle de la *Vénus callipyge* (« au beau fessier »), admirant la beauté de son corps reflété par l'eau (salle 25). On découvre ensuite l'un des plus grands groupes sculptés de l'Antiquité avec le *Taureau Farnèse* (salle 16) : châtiée pour avoir malmené son esclave, Dircé, épouse du roi de Thèbes Lycos, est attachée aux cornes d'un taureau sauvage. Au 1^er^ étage, dans la vaste salle du cadran solaire, ne manquez pas de détailler toute la force de l'*Atlas Farnèse,* portant sur son dos la sphère céleste.

### Les mosaïques et le Cabinet secret (entresol)

L'art de la mosaïque connut un succès considérable dans tout l'Empire romain. Parmi les mosaïques de Pompéi exposées,

*La Bataille d'Alexandre contre Darius* (salle 61), provenant de la maison du Faune, est le clou de la visite. Le *Groupe de musiciens ambulants* trouvé dans la villa Cicéron s'inspire des thèmes chers au théâtre antique. Au fond de cette section, le Cabinet secret (salle 65) renferme des fresques, bronzes et terres cuites à sujet érotique, qui illustrent la symbolique du phallus chez les Romains : le membre viril était plus un emblème de fécondité et de prospérité que de virilité.

### Les fresques des villas pompéiennes (1er ét.)

Illustrant d'abord des thèmes mythologiques, les prodigieuses fresques de Pompéi et d'Herculanum laissent peu à peu la place aux mortels. Ainsi, les représentations de Persée et d'Andromède, de Médée et de Diane chasseresse côtoient quelques scènes de banquets, des portraits de commerçants ou de jeunes filles.

### La Villa des Papyrus (1er ét.)

Cette villa d'Herculanum a appartenu à un homme cultivé de la noblesse romaine à la fin de la République (env. 58 av. J.-C.). Les fouilles ont exhumé un trésor inestimable : presque 100 statues de bronze et de marbre, et plus de 1000 papyrus. La statuaire mêle satyres, gymnastes (expressifs *Cinq Coureurs*, salle 116), bustes de philosophes et les *Danseuses*, cinq filles de Danaos condamnées à puiser sans fin de l'eau.

**Piazza Museo, 19 • ☎ 081 442 21 49 • www.museoarcheologiconapoli.it • Mer.-lun. 9h-19h30 (f. 1er janv., 1er mai et 25 déc.) • Entrée : 15 €.**

## 7 L'OSPEDALE DEGLI INCURABILI ET SA PHARMACIE★★

Non loin du Musée archéologique, vous pourrez accéder à l'Ospedale degli Incurabili et surtout à sa pharmacie, réalisée par l'architecte baroque Bartolomeo Vecchione. Le double escalier qui y mène ainsi que les boiseries en noyer et en loupe qui garnissent l'intérieur sont absolument splendides. Sur les 400 vases qu'elle recèle sont peintes différentes scènes qui permettaient aux commis illettrés d'identifier le contenu des pots.

**Via Maria Longo, 50 • Le musée organise des visites sur résa (☎ 081 44 06 47, info@ilfarodippocrate.it, lun.-sam. à 10h, 12h et 15h).**

## 8 VIA ANTICAGLIA★★

Cette rue doit son charme aux arcs qui l'enjambent. Ceux-ci permettaient, à l'époque gréco-romaine, de relier les thermes au théâtre. Au nº 23, découvrez **l'atelier de Fabio Paolella**, qui réalise des objets d'art sacré de toute beauté : décors et personnages de crèches napolitaines ou chérubins, vierges sont réalisés avec une exceptionnelle maîtrise.

# 5 Rione Sanità ET LE CAPODIMONTE

**Cette zone « en dehors des murs » est, depuis l'Antiquité, vouée à la sépulture et au culte des morts. Sa visite révèle l'un des côtés les plus mystérieux de Naples. En surface, la vie explose dans ces faubourgs populaires tout bourdonnants du vrombissement des Vespa. Pour qui aime voir les coins typiques, c'est l'itinéraire à suivre à tout prix. Pour terminer, une visite du riche musée du Capodimonte, installé dans un palais royal dominant la ville, s'impose.**

## ❶ VIA DELLA SANITÀ*

La via della Sanità pénètre dans ce quartier en cul-de-sac. Le pont de la Sanità qui l'enjambe montre clairement sa situation en cuvette, opposée aux hauteurs salubres de

Capodimonte. Sur le parcours alternent les façades des palais aristocratiques et des églises serrées entre de modestes constructions, qui abritent une foule de commerces, dont les fameux vendeurs de *taralli* (de petites couronnes tressées, préparées avec de l'eau, de la farine, de la graisse de porc, des amandes et du poivre).

### Idoles du quartier

Les murs de la via della Sanità sont couverts d'affiches, de fresques et d'œuvres de street art dédiées aux gloires locales, qui affichent sourire figé et brushing impeccable. Vous trouverez au n° 87 une peinture murale représentant Maradona, véritable dieu vivant et jamais déchu pour les Napolitains. Il partage cette dévotion populaire avec le célèbre acteur comique Totò, natif du quartier. Sa maison est devenue un minimusée. On raconte que, la nuit, il allait lui-même déposer de l'argent sous la porte des familles les plus nécessiteuses.

## ❷ PALAZZO SANFELICE ET PALAZZO DELLO SPAGNUOLO★★

Le grand **Palazzo Sanfelice,** édifié par Ferdinando Sanfelice (p. 49) pour sa famille en 1728, est une ingénieuse construction baroque. L'escalier ajouré, dit « à ailes de faucon » à cause de sa forme, fut reproduit 10 ans plus tard dans le **Palazzo dello Spagnuolo** à quelques pas de là et en meilleur état. Il s'agit d'un palais privé, il n'est donc visible que de l'extérieur.

**Palazzo Sanfelice : via della Sanità, 2/6 • Cours ouvertes en journée • Lun.-ven. 9h-12h30 et 16h-19h30 • Accès libre**
**Palazzo dello Spagnuolo : via Vergini, 19.**

## ❸ CIMITERO DELLE FONTANELLE★★★

L'atmosphère du lieu est inoubliable. C'est le point de

### Pause *saltimbocca* à la Cantina del Gallo

Le chef de ce restaurant très populaire, Mario, s'est rendu célèbre pour ses *saltimbocca*. Ces exquis « saute en bouche » sont de minuscules chaussons de pâte à pizza garnis de poivrons, d'aubergines, de saucisses-*friarielli* ou de ricotta. Laissez faire le patron, il apportera lui-même les *gnocchetti* en sauce ou les anchois marinés qui complètent le repas (entre 12 et 20 €). En attendant d'être servi, demandez à visiter le parking creusé dans la falaise de tuf.

**● 29 • Via A. Telesino, 21 • ☎ 081 544 15 21 • www.cantinadelgallo.com • Mer.-lun. 11h-15h et 19h-minuit ; f. mar.**

rencontre entre le monde des vivants et celui des morts. Des milliers de crânes et d'ossements appartenant à des âmes sans nom jouissent des soins de « familles d'adoption », qui attendent en retour protection et réalisation de leurs prières.
**Via Fontanelle, 77 • ☎ 081 197 03 197 • T.l.j. 10h-17h • Accès libre.**

## ❹ CATACOMBE DI SAN GENNARO★★

Les catacombes se sont développées dès le IIIe s. Au Ve s., elles abritèrent la dépouille de San Gennaro, évêque martyr de Naples, jusqu'à son transfert au Duomo. La fresque qui le représente est probablement la plus ancienne image du patron de la ville. Les vastes salles sur deux niveaux, les peintures et les mosaïques sur les parois en font une nécropole paléochrétienne importante.
**Via Tondo di Capodimonte, 13 • Visites guidées ttes les heures, lun.-sam. 10h-17h, dim. 10h-14h • ☎ 081 744 37 14 • www.catacombedinapoli.it • Entrée : 9 € (offre 25 % de réduction sur le Chiostro delle Clarisse, p. 37).**

## ❺ MUSEO DI CAPODIMONTE ET SON PARC★★★

Installée au milieu d'un vaste jardin sur une colline dominant Naples, la Reggia di Capodimonte a été érigée par Carlo III au temps du royaume des Deux-Siciles. Cette résidence royale est également destinée à accueillir les innombrables œuvres d'art du souverain, en particulier la fabuleuse collection Farnèse. Le Museo di Capodimonte propose aujourd'hui un panorama époustouflant de la peinture italienne et napolitaine, des appartements royaux démesurés au style éclectique ainsi qu'une petite collection d'art contemporain.

### La collection Farnèse

Parmi les chefs-d'œuvre italiens de cette impressionnante collection, ne manquez pas les toiles de **Titien,** peintre réputé pour son utilisation de la couleur et de la lumière. Sa *Danaé,* baignée de lumière dorée, dégage ainsi une sensualité raffinée. Autres incontournables, *La Vierge à l'Enfant avec deux anges* de **Botticelli,** une Pietà de **Carracci** inspirée de Michel-Ange et *La Crucifixion* de **Masaccio,** avec sa perspective étonnante. Côté peintres étrangers, les scènes de vie quotidienne de **P. Brueghel l'Ancien** amusent et fascinent. Symbolisant la fatalité, *La Parabole des aveugles* illustre l'Évangile selon saint Matthieu, tandis que le *tondo* (toile ronde) du *Misanthrope* met en scène un vieillard se faisant dépouiller par un voleur, enfermé dans une sphère représentant le monde.

### La collection de peintures napolitaines

Au 2e étage, la collection de peintres napolitains vaut le détour.

Provenant de l'église de San Domenico Maggiore, *La Flagellation du Christ* du **Caravage** (1573-1610) exprime le goût prononcé de l'artiste pour le naturalisme et sa capacité à exploiter la lumière pour souligner la violence gestuelle des personnages. À découvrir également, quelques exemples de primitifs napolitains ainsi que les vastes fresques de **Luca Giordano** et de **Francesco Solimena.**

## Les appartements royaux

Une trentaine de salles permettent d'imaginer la magnificence de la cour de Naples, de la gigantesque salle de bal aux différents salons et chambres. Quelques pièces, décorées dans le style Empire, font revivre l'époque napoléonienne et le règne de Joachim Murat (portraits). Dans la **galerie des Porcelaines** (salles 35 et 36) sont exposées les 300 pièces qui composent le service de l'Oie, réalisé à la fin du XVIIIe s. dans les ateliers de la manufacture royale, installée dans le parc. Dans la salle 52, l'incroyable **salon de porcelaine de la reine Marie-Amélie,** avec ses figures de mandarins chinois, est composé de plus de 3 000 pièces.

## Le parc

Derrière un haut mur d'enceinte, 130 ha de parc entourent le palais royal. Au cours d'une agréable promenade sous les frondaisons des chênes verts, des pins et des tilleuls, on découvre la fabrique de porcelaine créée par la reine Marie-Amélie, la chapelle de San Gennaro et la Palazzina dei Principi, qui fut la résidence napolitaine du roi Victor-Emmanuel II.

Via Miano, 2 • ☎ 081 749 91 11 • www.museocapodimonte.beniculturali.it • **Musée :** jeu.-mar. 8h30-19h30 (dernière entrée 18h30) • **Entrée musée :** 12 € et 14 € avec expo temporaire ; expo seule : 14 € • **Parc :** t.l.j. 7h-20h • Accès libre.

# UNE VILLE baroque

**Naples est la ville baroque par excellence. La rue-théâtre avec ses cris, ses mises en scène improvisées, sa prodigieuse vitalité, donne la première grande leçon de baroque napolitain et ouvre les portes d'un décor architectural désordonné.**

Chiesa di San Domenico Maggiore

## Baroque et Contre-Réforme

La religiosité baroque s'impose en ville dès la fin du XVIe s. L'Église de la Contre-Réforme trouve, dans le royaume de Naples, un terrain de prédilection.

## Catastrophes et saints patrons

L'éruption meurtrière du Vésuve en 1631, la révolte populaire de Masaniello en 1647 et l'épidémie de peste qui emporte, en 1656, la moitié de la population de Naples (300 000 personnes) sont autant de tragédies qui ont eu une répercussion immédiate dans les arts. La peur exacerbe le sentiment religieux, et le voisinage de la mort pousse les artistes à dramatiser les formes. Les saints, assortis de reliques et de miracles, prolifèrent. En 120 ans, 410 nouveaux intercesseurs ont fait leur apparition !

## Le Caravage

Les convulsions du siècle s'expriment à travers le style brutal et ténébreux du Caravage. Dans la toile *Le sette opere di Misericordia* à l'**église Pio Monte della Misericordia** (via dei Tribunali, 253

– Plan I6, lun.-sam. 9h-18h, dim. 9h-14h30, 7 €), les éclats fauves et sombres montrent crûment les pauvres figures du mendiant, du vieillard et du cadavre éclairé par la bougie du prêtre. La galerie du **palais Zevallos Stigliano** (p. 60) abrite sa dernière œuvre, *Le Martyre de sainte Ursule* (1610), représentant le roi des Huns qui déchire d'une flèche la poitrine d'Ursule, jeune vierge le repoussant. Le séjour de cet artiste à Naples ne pouvait qu'influencer les artistes locaux. L'**église de la chartreuse de Saint-Martin** (p. 65) concentre de remarquables exemples de baroque napolitain : Spadaro, Ribera, Caracciolo, A. Vaccaro, L. Giordano, F. Solimena.

## Tourments baroques

Cette période torturée trouve également écho dans la sculpture. Fanzago imprime à ses œuvres le sceau de son époque tournée vers le macabre. Les têtes de mort qui ornent le petit cimetière troublent le paisible décor Renaissance du **Grand Cloître de San Martino** ; de même, les crânes et tibias s'exposent à l'intérieur – de part et d'autre de l'autel – et à l'extérieur de l'**église des Âmes-du-Purgatoire** (p. 33).

## L'âge baroque

Mais le baroque sait aussi ménager des pauses au milieu de ce tourbillon angoissé. Les cloîtres, avec leurs statues et leurs majoliques, sont de merveilleuses oasis de calme et de lumière dans un tissu de ruelles sombres. En contrepoint de la grimace des squelettes, le sourire des putti, ces angelots un tantinet moqueurs, célèbre une Église catholique triomphante. La grotte en stucs dorés de **San Gregorio Armeno** (p. 32), le luxe des marbres et onyx du **Gesù Nuovo** (p. 37) ou de la **chapelle Sansevero** (p. 34) sont des refuges, de rassurants trompe-l'œil.

## Art de l'éphémère

Les places, lieux de représentations et de fêtes, se parent de fontaines et de flèches (*guglie*). Les unes exorcisent le danger du feu ; les autres, celui des éruptions et des épidémies : flèches de l'**Immacolata piazza del Gesù Nuovo** (Plan G8), de **San Domenico Maggiore** (Plan H7) et de **San Gennaro** (Plan D1), ou celle de la **piazza Sisto Riario Sforza** (Plan I6). Elles rejoignent la culture populaire régionale des machines de fête, mâts de cocagne et flèches en bois destinées à brûler.

### FÉLICITÉ DE NAPLES

Avec les escaliers spectaculaires de Ferdinando Sanfelice, on atteint le comble de l'art baroque. Cet architecte fut le premier à placer l'escalier au fond de la cour comme élément décoratif. Les plus beaux exemples ? Les palais Sanfelice (p. 45), dello Spagnuolo (p. 45) ou Serra di Cassano (p. 72).

# 6 Le centre monumental, LE CASTEL NUOVO ET LE PALAZZO REALE

● Restos & bistrots p. 128 ● Bars, clubs & sorties p. 162 ● Boutiques p. 187

**Autour de la piazza Plebiscito et de la piazza Municipio, le centre monumental rassemble les édifices les plus importants de la ville : longtemps, ce quartier a été le centre du pouvoir napolitain. Châteaux, théâtres, palais et hôtels se concentrent dans cet espace réduit s'ouvrant sur la mer.**

## ❶ CASTEL NUOVO (MASCHIO ANGIOINO)★★★

Cette forteresse qui domine la piazza Municipio de sa sévère silhouette et de ses cinq imposantes tours, c'est le Maschio Angioino, ou Castel Nuovo. Le « bastion angevin » fut construit à partir de 1279 par Charles Ier d'Anjou. Il était, avec le Castel Sant'Elmo (p. 64), un élément primordial du système défensif de la ville. Devenu résidence des princes aragonais, il fut en grande partie remanié au XVe s.

### L'arc de triomphe

Commémorant la victoire d'Alphonse V d'Aragon, dit

le « Magnanime », qui battit les Angevins en 1443, ce portail monumental, en marbre blanc de Carrare, donne accès à la cour du château. Sa réalisation mobilisa des artistes espagnols et italiens pendant plus de 20 ans, parmi lesquels Francesco Laurana et Domenico Gagini. Les battants en bronze de la porte ne sont que des copies, les originaux étant jalousement conservés au Museo Civico (à l'intérieur).

## La cappella Palatina

Au fond de la jolie cour de style catalan, précédée par un portail Renaissance surmonté d'une Vierge de Francesco Laurana (1474), la chapelle Palatine conserve sa nef unique d'origine, de style gothique. C'est le dernier vestige du palais angevin. À l'intérieur de l'église dédiée à sainte Barbara, on peut apercevoir, dans l'embrasure des fenêtres, des traces de fresques de Giotto.

## La salle des Barons

On accède à la salle des Barons par l'escalier monumental sur la gauche de la cour. Sous l'imposante voûte formée d'ogives qui dessine une étoile, se réunissait le conseil communal de Naples. C'est dans cette salle qu'en 1486 furent arrêtés les nobles qui avaient osé conspirer contre la domination espagnole.

## Le Museo Civico

Installé dans les galeries de la forteresse, le musée présente

Castel Nuovo

Teatro San Carlo

sur trois étages un panorama de la peinture napolitaine du XVᵉ au XIXᵉ s. Les toiles proviennent en grande partie des églises de la ville. Parmi les tableaux exposés, des œuvres de Luca Giordano et de Mattia Preti, et de nombreuses vues de Naples à travers les âges. Décorée de six bas-reliefs en bronze réalisés par Guglielmo Monaco entre 1462 et 1468, la porte d'entrée du château est percée d'un trou de boulet de canon.

**Piazza Municipio • ☎ 081 795 77 13 ou ☎ 081 795 77 22 • www.comune.napoli.it • Lun.-sam. 8h30-19h (f. billetterie 1h avant) • Entrée : 6 €.**

## ❷ TEATRO SAN CARLO★★★

Construit en l'honneur de Charles III en 1737, le théâtre San Carlo devient rapidement un des hauts lieux de la scène lyrique italienne et mondiale. C'est ici, dans cette salle vertigineuse de six balcons et de 3 000 places, qu'ont lieu, au XIXᵉ s., les premières représentations de nombreux opéras de Donizetti, Verdi et Bellini. Le théâtre se visite la journée quand la programmation le permet, mais assister à une représentation ici constitue une expérience unique.

**Via San Carlo, 98 • ☎ 081 797 23 31 • www.teatrosancarlo.it • Visites guidées en italien et en anglais sur résa ☎ 081 797 24 12 ou par e-mail : visiteguidate@teatrosancarlo.it • Lun.-sam. 10h30-17h20 • Entrée : 9 €.**

## ❸ PIAZZA PLEBISCITO ET LA BASILICA SAN FRANCESCO DI PAOLA★★

La piazza Plebiscito est depuis sa création un lieu de parade, de promenade, de fêtes et de concerts. La colonnade de son hémicycle converge vers **l'église San Francesco di Paola,** au centre. Par sa forme et ses dimensions, elle rappelle le Panthéon de Rome : un plan circulaire et une coupole de 53 m de haut et de 34 m de diamètre.

**Piazza Plebiscito • Lun.-sam. 8h30-12h et 16h-19h, dim. et j.f. 8h30-12h • Accès libre.**

## ❹ PALAZZO REALE★★★

Clôturant la symétrie de la monumentale piazza Plebiscito et regardant les trois dômes de l'église de San Francesco di Paola, le Palazzo Reale fut commencé en 1600 et achevé trois siècles plus tard. Le long de sa façade principale, les statues de huit illustres rois de Naples semblent monter la garde. À l'intérieur, le palais est un parfait exemple du faste napolitain.

### Une demeure on ne peut plus royale

Fernando Ruiz de Castro, nommé vice-roi de Naples en 1598 par le nouveau souverain espagnol Philippe III, voulut doter la ville d'un palais qui atteste de la grandeur du royaume d'Espagne. Ainsi démarra la construction de celle qui allait devenir la résidence des Espagnols, des Bourbons, puis de la maison de Savoie. Le projet fut confié à Domenico Fontana, architecte officiel à Rome sous le pontificat de Sixte V.

### L'escalier

L'accès aux appartements royaux se fait par un escalier monumental : Montesquieu disait qu'il était « le plus beau d'Europe » ! Remanié et agrandi au XIX$^{e}$ s., il conserve une remarquable allure avec

Palazzo Reale

## Pause historique au Caffè Gambrinus

Membre de l'Association des cafés d'Italie au même titre que le Florian de Venise et que le Greco de Rome, le Gambrinus, avec son décor Art nouveau, est le plus célèbre café de Naples. Fréquenté par des célébrités (Giuseppe Verdi, Gabriele D'Annunzio, etc) ce bar, à la fois pâtisserie, glacier et salon de thé, est l'endroit idéal pour faire une pause-café (1 € au comptoir) ou pour prendre l'apéritif. Lieu de rendez-vous incontournable des Napolitains, la terrasse est prise d'assaut en été.

**● 35 • Piazza Trieste e Trento, 38 • ☎ 081 41 75 82 • www.grancaffegambrinus.com • T.l.j. 7h-1h (2h ven.-sam.).**

sa décoration de *piperno* et de marbre, ses parois sculptées et ses nobles statues.

### Les appartements historiques

L'enfilade de salles qui compose les appartements royaux impressionne. La décoration intérieure est particulièrement soignée : mobilier des XVIIIe et XIXe s., tableaux de l'école napolitaine des XVIIe et XVIIIe s., porcelaines, horloges, tapisseries... Remarquez, dans un registre plus intime, les jolies peintures de jeunes filles sur les portes. Joachim Murat et sa femme, Caroline Bonaparte, participèrent à enrichir la décoration intérieure en faisant venir nombre de meubles et d'objets de France. La salle du Trône, le salon de la Reine, la salle de bal, le cabinet de travail de Ferdinand II et la chapelle royale constituent les pièces les plus intéressantes.

## Le Teatrino di Corte

Dessiné par Ferdinando Fuga en 1768, ce petit théâtre privé fit l'objet d'une magnifique restauration. Considérablement endommagé lors de la dernière guerre mondiale, comme de nombreuses salles du palais, il conserve cependant les originaux de 12 statues représentant Apollon, Minerve, Mercure et les neuf Muses. Il accueillit des représentations d'opéra-bouffe de G. Paisiello, D. Cimarosa et N. Piccinni.

**Piazza Plebiscito, 1 • Jeu.-mar. 9h-20h (f. 1er janv., 1er mai, 25 déc.), billetterie ferme 1h avant • Entrée : 6 €.**

## ❺ GALLERIA UMBERTO I★★

Ce passage couvert est né en 1890 de la convergence de deux exigences : le projet d'assainissement du quartier Santa Brigida (après l'épidémie de choléra de 1884) et le désir de doter la ville d'un symbole de la civilisation industrielle moderne. Autour de la coupole centrale culminant à 57 m, la galerie se divise en quatre ailes indiquant les quatre points cardinaux. L'impressionnante verrière, maintenue par une armature métallique, laisse pénétrer une belle lumière. À l'intérieur, les boutiques et les cafés en font un lieu de promenade agréable, à la tranquillité presque provinciale par rapport aux rues voisines. Faites un stop devant la plus belle échoppe de la galerie : celle d'**Antonio Barbaro,** point de ralliement des dandys élégants et souvent originaux (lun.-ven. 10h-14h et 16h-20h, sam. 10h-20h, dim. en été 10h-14h et 16h-20h). On y trouve le must de la mode italienne.

**Accès via Toledo, via G. Verdi et via Santa Brigida • Accès libre.**

Verrière de la Galleria Umberto I

# NAPLES au XVIII^e siècle

**Au XVIII^e s., avec l'arrivée des Bourbons, Naples passe du statut de colonie à celui de capitale du royaume des Deux-Siciles. Les constructions nouvelles doivent en faire un séjour digne de ce rôle retrouvé : le baroque évolue, la découverte des sites archéologiques remet à l'honneur le classicisme hérité de l'Antiquité.**

Reggia di Caserta

## Albergo dei Poveri (Hôtel des pauvres)

L'architecture civile, confiée à des artistes venus de Rome, prend le pas sur l'architecture religieuse. C'est à Ferdinando Fuga que le roi s'adresse, en 1751, pour la construction d'un hospice pour les pauvres, une bâtisse imposante et austère, longue de 354 m. On n'en voit aujourd'hui que la façade, piazza Carlo III.

## Versailles à Caserte

La même année, Carlo III choisit l'architecte Vanvitelli pour édifier la **Reggia di Caserta,** à 30 km de Naples, qui doit devenir le siège de la royauté et accueillir une cour européenne. Le palais et l'immense parc avec son canal sont une ode à l'ordre et à la symétrie. Les canons esthétiques ont évolué : la collection Farnèse de statues antiques et les trésors de Pompéi ont déjà pris le chemin du Musée archéologique national...

## Musique

C'est le siècle d'or de la musique napolitaine, qui resplendit grâce au style dramatique de Scarlatti et à l'***opera buffa***, la ***melocommedia***, inspiré du théâtre populaire de rue. Les œuvres brillantes de Pergolèse ***(La serva padrona)*** et de Cimarosa ***(Il matrimonio segreto)*** apportent rythme et gaieté à la musique lyrique. Elles sont représentées au théâtre San Carlo, inauguré en 1737, et dans les plus brillantes cours européennes !

## Le prince de Sansevero

La chapelle Sansevero (p. 34) révèle l'ambivalence du prince Raimondo, tiraillé entre la modernité des Lumières, l'archaïsme de l'alchimie et la civilisation du baroque. Les deux cadavres de la crypte, avec leur système sanguin demeuré intact, relèvent de la diablerie. Les statues du ***Contrôle de soi-même*** et de la ***Sincérité*** qui ornent le tombeau du prince vantent des vertus aux antipodes des valeurs baroques et résolument du côté des modernes.

## La République parthénopéenne

L'idée de libération des peuples à travers la Révolution française trouve une grande audience auprès de l'élite intellectuelle locale. En 1799, sous la protection de l'armée française, la République parthénopéenne est proclamée. Mais mal comprise par le peuple napolitain, très antifrançais, elle ne dure que six mois et est réprimée dans le sang. Les protagonistes sont pendus ou décapités sur la piazza del Mercato (Plan E3), lieu maudit des exécutions.

## Palazzo Serra di Cassano

L'entrée principale d'un des plus beaux palais baroques de Naples (p. 72) se trouvait au n° 67 de la via Egiziaca Pizzofalcone (Plan D5) et s'ouvrait sur le Palazzo Reale. Elle fut condamnée par le prince Serra, en signe de deuil, après l'exécution de son fils Gennaro au moment de l'écrasement de la République. Le 25 avril 1995, jour de la fête nationale, A. Bassolino, maire de Naples, la fit solennellement rouvrir pour un jour. Symbole de retour à la justice dans cette ville, comme l'avait voulu le prince en 1799.

### DIALECTE ET « NAPOLITANITÉ »

Les esprits éclairés de la grande bourgeoisie napolitaine des Lumières eurent à cœur d'utiliser le dialecte napolitain pour diffuser leurs idées. Mais les concepts qu'ils défendaient restaient bien éloignés de la culture populaire. Au siècle suivant, la petite bourgeoisie, forte de la leçon, chercha à s'assurer l'appui de cette plèbe redoutée en s'appropriant son langage. La *canzonetta* et la *sceneggiata* contribuèrent activement à former cette langue commune, arme de la « napolitanité » et d'une cohésion sociale originale.

# 7 La via Toledo et LES QUARTIERI SPAGNOLI

● Restos & bistrots p. 129 ● Boutiques p. 188

**Mystérieux et empreints d'un charme indicible, les Quartiers espagnols constituent l'âme de Naples. Pris d'une vigoureuse frénésie dès le matin, ils éclatent de vie, de voix et de couleurs, jouant avec la lumière du soleil qui déboule à l'improviste sur les places ou dans les *vicoli* (ruelles). Leurs *bassi* (immeubles typiques du quartier) sont aussi sombres que leurs terrasses sont ensoleillées. Malgré leur plan en damier, ils se donnent des airs de labyrinthe, mais débouchent inévitablement dans la via Toledo, la plus grande artère commerciale de la ville.**

## ❶ QUARTIERI SPAGNOLI★★★

**Quartiers espagnols**

Ces quartiers furent créés au milieu du XVIe s. par le vice-roi Don Pedro de Tolède. La percée de la via Toledo s'accompagna de la construction, vers l'ouest, d'îlots destinés au logement des troupes et organisés selon un plan orthogonal, adossé à la colline de San Martino. Les rues se terminent ainsi bien souvent par un escalier. Les nombreux *bassi* se sont étirés en hauteur et quelques fois jusque sur la rue, par l'aménagement abusif de terrasses assombrissant les rues.

### Balade dans le quartier

Pour apprécier pleinement la vitalité de ce quartier, laissez-vous porter par la pente des rues, grimpez les innombrables escaliers ou flânez sous les balcons, au milieu des ateliers et des petits commerces. Avec toutes les portes ou fenêtres ouvertes et les terrasses informelles installées dans la rue, vous serez témoin d'innombrables scènes de la vie quotidienne dignes des pièces de théâtre de Viviani et De Filippo. Au hasard des rues, vous découvrirez également de jolies églises, comme celle de **Santa Maria della Concezione a Montecalvario** (via Concezione Montecalvario, 22), chef-d'œuvre baroque réalisé par Domenico Antonio Vaccaro. Hôte de marque du quartier, Giacomo Leopardi résida au n° 52 de la via Nuova Santa Maria Ognibene.

### Via Pignasecca et Montesanto

Cette partie du quartier s'organise autour de la via Pignasecca et de l'église de Montesanto, avec son éclatante façade jaune canari. Une joyeuse atmosphère de souk oriental se fait sentir, avec mille victuailles exposées dans la rue, des crieurs interpellant le chaland et une foule bigarrée qui remonte vers la station de Montesanto.

## ❷ VIA TOLEDO★★

Les somptueux palais de la via Toledo et de ses alentours

Quartieri Spagnoli

témoignent de l'attraction qu'exerça à partir du XVIIe s. cette prestigieuse artère sur les nobles et les banquiers venus de toute l'Europe. Le **Palazzo Maddaloni** (via Maddaloni, 46) est un très bel exemple d'architecture civile baroque du XVIIe s. due au célèbre Fanzago. Les **Palazzi Doria D'Angri** (place VII Settembre) et **Berio** (n° 256) furent édifiés au siècle suivant par Vanvitelli. Parmi les nombreuses banques, l'intérieur de la **Banca Commerciale d'Italia** (n° 185) mérite le coup d'œil.

## ❸ PALAZZO ZEVALLOS STIGLIANO - GALLERIE D'ITALIA★★

Pénétrer dans un palais napolitain du XVIIe s. n'est pas si fréquent ; mais celui-ci, propriété d'une banque depuis la fin du XIXe s., est d'un éclectisme surprenant mêlant l'Art nouveau (verrière du hall) et l'art baroque (fresques de Luca Giordano dans les appartements). Surtout, il renferme une intéressante collection d'art, dont la dernière œuvre du Caravage, *Le Martyre de sainte Ursule*. À voir également, des paysages romantiques de l'école de Posillipo, la délicieuse *Dama col ventaglio* de Domenico Morelli et les émouvantes terres cuites de Vincenzo Gemito.

### Pause chez Pintauro, le roi de la *sfogliatella*

Au seul nom de Pintauro, les papilles des Napolitains frémissent : c'est le roi incontesté à ce jour de la *sfogliatella* (feuilletés fourrés de ricotta, 2,20 €). Dans cet antique magasin, vous la trouverez toujours chaude, à peine sortie du four : simplement *frolla* (pâte molle) ou bien *sfoglia* (pâte feuilletée) comme un coquillage, délicieuse dans tous les cas.

**● 46 • Via Toledo, 275 • ☎ 081 41 73 39 • Dim.-mer. 9h30-20h (horaires variables).**

Via Toledo, 185 • ☎ 081 791 72 33 • www.gallerieditalia.com • Mar.-ven. 10h-19h, sam.-dim. 10h-20h (dernière entrée 30 min avt) • Accès libre dans le hall ; entrée musée : 5 €.

## ❹ LA STATION DE MÉTRO TOLEDO**

Avec les stations d'art réalisées par de célèbres architectes, les Napolitains ont enfin une bonne raison de prendre le métro ! À 50 m sous terre, celle de Toledo, conçue par le Catalan Oscar Tusquets Blanca, plonge le voyageur dans un espace bleu et blanc aux formes ondulantes et asymétriques, à la manière d'un Gaudí. Des « cratères » de lumière explorent toutes les nuances du bleu. Dans le hall central, une grande fresque en mosaïque du Sud-Africain William Kentridge retrace l'histoire de Naples à travers de célèbres personnages.

## ❺ RIONE CARITÀ*

À l'aube des années 1930, le quartier de San Giuseppe, entre la via Toledo et la via Medina, est jugé insalubre par les autorités fascistes. Un vaste programme d'urbanisation, qui durera jusqu'à la fin de la guerre, s'engage alors. Entrez dans le **Palazzo del Banco di Napoli,** à la façade de marbre typique de l'architecture rationaliste, pour découvrir son gigantesque atrium (via Toledo, 177). Les édifices de la via Armando Diaz, mais surtout de la piazza Mateotti ont le même style arrogant : le **Palazzo delle Poste** (piazza Mateotti, 2), avec ses courbes harmonieuses et son entrée magistrale, est particulièrement remarquable. Édifié en 1936 par Giuseppe Vaccaro, le Duce aurait suivi sa construction en personne.

## ❻ CHIESA SANT'ANNA DEI LOMBARDI***

Cette magnifique église, commencée en 1411 et entièrement restaurée en 2010, fut le lieu de culte privilégié des souverains aragonais. Ses chapelles ont été décorées par les plus fameux artistes italiens de l'époque : médaillons sculptés d'Andrea Della Robbia dans la cappella Tolosa, fresques de l'atelier de Piero Della Francesca dans la cappella Piccolomini, trompe-l'œil de Vasari dans la cappella de Sangro et *Annonciation* sculptée par Benedetto Da Maiano sur l'autel de la cappella Curiale. Dans les quelques salles à droite du chœur, découvrez les fresques de Giorgio Vasari et les incroyables marqueteries de la sacrestia Vecchia, et les statues grandeur nature en terre cuite de Guido Mazzoni, *Compianto sul Cristo morto,* dans l'oratoire du Saint-Sépulcre.

Piazza Monteoliveto, 4 • ☎ 081 422 00 39 • Lun.-sam. 9h30-18h30 • Accès libre pour l'église • Entrée musée : 5 €, et 7 € avec l'hypogée.

# PLACES, vicoli et bassi

**Dans le cœur de Naples, les grands espaces aérés et lumineux côtoient le dédale des *vicoli*, ruelles qui ont souvent du mal à voir un coin de ciel. Si le centre n'a rien d'un musée figé en dépit de la richesse des monuments, c'est grâce à ses habitants qui se l'approprient et le pratiquent de façon originale et indisciplinée.**

Un *basso* napolitain

## Le samedi soir

Les grandes places sont prises d'assaut par les jeunes Napolitains en fin de semaine ou les soirs d'été : piazzas Amedeo (Plan C4), dei Martiri (Plan C5) et Sannazzaro (Plan B5) dans les beaux quartiers, ou bien piazzas du Gesù Nuovo (Plan G8) et de San Domenico Maggiore (Plan H7) dans le centre historique. On discute, on plaisante, on flirte entre les Vespa.

## Les pallonetti

Les petits Napolitains, qui sont maîtres dans l'art d'occuper les moindres espaces, placettes ou ruelles pour leurs matchs de foot, ne font que perpétuer une habitude presque millénaire à Naples. Au Moyen Âge, les rues où l'on pratiquait toutes sortes de jeux de ballon étaient appelées les ***« pallonetti »***. Il reste ceux de Santa Chiara, de San Liborio et surtout le célèbre ***pallonetto*** de Santa Lucia, qui a donné son nom à tout le quartier.

## Art de la vie quotidienne

Le linge étendu comme autant de drapeaux multicolores n'est pas seulement un cliché. Il appartient au spectacle de la vie quotidienne. Moins connu, le panier en plastique d'un bleu éclatant attaché par une longue corde aux fenêtres est tout aussi essentiel. Ce système, ingénieux et très répandu, sert à faire passer les courses, le courrier et mille petites choses aux habitants de ces vieux immeubles sans ascenseur.

## Rythmes de la vie

La vie et la mort ne sont pas des affaires privées à Naples, elles s'annoncent par de petits messages codés. Les rubans - bleus pour les garçons, roses pour les filles - sont accrochés au-dessus des portes pour signaler avec fierté une naissance dans l'immeuble. Les affichettes des avis de décès, collées à même les murs, sont une pratique courante dans le centre. Ici, joies et douleurs se partagent avec le voisinage.

## Religiosité populaire

Il n'y a pas de ruelle sans autel. Variant à l'infini, discrets ou clinquants, fleuris ou à l'abandon, ils témoignent d'une forte religiosité populaire. En dessous des portraits de la Madone ou de saints que l'on vénère, les figurines des damnés au milieu des flammes rappellent que l'enfer existe aussi. Certains Napolitains se signent aussi bien devant ces petits monuments que devant les églises. Vu leur nombre, c'est presque une activité à plein temps...

## Les bassi

Ces logements, souvent d'anciens dépôts ou échoppes situés au rez-de-chaussée, sont constitués d'une seule pièce mêlant espace habitable et sanitaires. Ces sortes de grottes dont la porte était la seule source d'air et de lumière ont été modernisées il y a une quinzaine d'années. Des fenêtres ont été ajoutées, ouvertes sur des cuisines flambant neuves et des télés aux écrans géants. La nuit venue, on gare le scooter à l'intérieur. Les échoppes qui subsistent dans les Quartiers espagnols sont le plus souvent des ateliers de confection clandestins où une population d'immigrés s'échine dans des conditions très précaires.

### CHEZ LE BARBIER

Les *vicoli* tirent leur vitalité des multiples boutiques et ateliers d'artisanat. Parmi les petits métiers qui ont résisté, le barbier vous offre, pour 5 €, les délices du fauteuil, de la mousse onctueuse et parfumée, de la caresse de la lame. Laissez-vous bercer par le bourdonnement de la conversation, depuis les commentaires du dernier match aux polémiques politiques en passant par les projets matrimoniaux du fils aîné, le tout en napolitain, bien entendu !

# 8 Le Vomero et la Certosa DI SAN MARTINO

● Restos & bistrots p. 132 ● Bars, clubs & sorties p. 165 ● Boutiques p. 190

**Accessible par les funiculaires, ce quartier résidentiel est né d'une spéculation immobilière désordonnée, qui a transformé ces campagnes vouées aux cultures maraîchères. Le nom de « *broccolesi* », du brocoli, attribué à ses habitants, évoque ce passé agricole. Réputé pour la beauté de ses panoramas, sa chartreuse et sa forteresse, le Vomero offre également mille possibilités pour le shopping.**

## ❶ CASTEL SANT'ELMO★★

Commencé au XIVe s. par les souverains angevins, le château prit son allure actuelle, basée sur un plan en étoile, au XVIe s. Le vice-roi Pedro de Toledo en fit l'élément clé du système défensif de la ville en exploitant sa position stratégique. Il fut longtemps utilisé comme prison. Plus accueillant aujourd'hui, il offre depuis ses terrasses une vue à 360° sur tout le golfe : assurément la plus belle de Naples ! Aménagé au centre de la cour, dans les anciennes casernes militaires, le **Museo del '900** présente l'art du Novecento napolitain (entrée comprise dans le prix du billet).

☎ 081 229 44 49 **Castel :** t.l.j. 8h30-19h30 (billetterie ferme 1h avt) **Museo :** mer.-lun. 9h-17h • www.polomusealecampania.beniculturali.it • Entrée : 5 €.

## ❷ CERTOSA DI SAN MARTINO★★★

**Chartreuse de Saint-Martin**

Perchée en haut de la colline du Vomero, la chartreuse de San Martino jouit d'une vue imprenable sur le golfe de Naples. Fondée au XIVe s. à l'initiative de Charles d'Anjou, elle fut réalisée à partir des dessins de l'architecte et sculpteur siennois Tino Di Camaino, célèbre pour le Duomo de Pise. Elle fut considérablement remaniée à l'âge baroque, et son gothique d'origine a quasiment disparu sous les « embellissements ».

### Une église-musée

Le 22 juin 1886, la chartreuse devint propriété de l'État, en tant que bien confisqué à l'Église. Elle fut ouverte au public dès l'année suivante pour devenir peu à peu un musée dont les collections s'enrichirent de nombreuses donations. La **pinacothèque** retrace l'histoire de la peinture napolitaine du XIXe s.

### Chiesa di San Martino

Dans la cour d'entrée de la chartreuse se dresse la façade

Grand Cloître dans la Certosa di San Martino

de l'église de Saint-Martin. Avec son sol entièrement recouvert d'une somptueuse marqueterie de marbres polychromes, ses voûtes ornées de fresques et ses toiles de maîtres napolitains du XVIIe s., c'est un véritable petit bijou baroque. Modifiant radicalement sa structure, les architectes Dosio et Fanzago fermèrent les deux nefs latérales de façon à créer une série de six chapelles directement reliées à la nef centrale. Ne manquez pas la *Madeleine* de Vaccaro, le *Lavement des pieds* de Caracciolo et la *Communion des apôtres* de Ribera. À droite de l'abside, une porte conduit à la salle capitulaire, dont les boiseries datent du début du XVIIe s. Tout au fond, au plafond de la chapelle du Trésor, la fresque du *Triomphe de Judith* par Luca Giordano et, sur l'autel, la *Déposition* de Ribera.

## Les cloîtres et le monastère

Le monastère s'articule autour de deux cloîtres que séparent les appartements luxueux du prieur, dont le sol est recouvert d'un pavement en faïence datant du XVIIIe s. L'autorité suprême de la chartreuse pouvait, malgré la règle de la clôture monastique, y recevoir des hôtes de marque. Autour du Grand Cloître à colonnes doriques de style toscan étaient réparties les cellules des moines. Fanzago y plaça un cimetière rectangulaire : remarquez les étranges crânes sculptés qui surmontent ses balustrades ! Le petit cloître des Procurateurs était, quant à lui, réservé aux frères convers.

## L'art de la crèche

La section d'art napolitain occupe l'ancien emplacement des cuisines du couvent. L'immense crèche du collectionneur Cuciniello, datant du XVIIIe s., est le joyau de cet ensemble. Les jeux de lumière recréent successivement les atmosphères de la journée depuis l'aube jusqu'à la nuit étoilée.
Le peuple de Naples et les divers métiers sont théâtralement mis en scène. Parmi les autres groupes de santons, le « mendiant aveugle » a été exécuté par Sanmartino, également auteur du *Christ voilé* (p. 34).

### Pause glacée chez Soave

Chez Soave, tous les parfums sont représentés, des plus classiques aux caprices de saisons (marron en hiver, fruits des bois en été, etc.) Comptez de 2 à 4 € selon le type de cornet. Celui bordé de chocolat est excellent.

**● 51 • Via A. Scarlatti, 130 • ☎ 081 556 74 11 • Lun.-sam. 8h45-14h et 15h-20h30, dim. 9h-14h et 17h-20h30.**

Via Pedamentina

## La section navale

Dans l'enceinte de la chartreuse, plusieurs salles restaurées célèbrent les bateaux à travers de nombreux tableaux et maquettes. Clou de l'exposition, la *Lancia reale*, une barge de l'époque de Carlo Di Borbone (première partie du XVIIIe s.), longue de 19 m, large de 2,90 m et haute de 2,40 m ! En sortant de cette salle, un petit jardin et une terrasse suspendue offrent une vue somptueuse sur le golfe de Naples.

**Largo San Martino, 5 • ☎ 081 22 945 02 • www.polomusealecampania.beniculturali.it • Jeu.-mar. 8h30-19h (billetterie ferme 30 min avt) • Entrée : 6 €.**

## ❸ LA PEDAMENTINA***

Cette rue en pente, aménagée au XIVe s. et constituée de 414 marches, relie la chartreuse de San Martino à Montesanto (p. 59). Les vieilles maisons qui la bordent donnent à ce chemin une atmosphère bucolique, loin de la frénésie napolitaine. En la descendant, vous jouirez de superbes points de vue sur la ville.

**Depuis l'esplanade devant la chartreuse part la via Pedamentina San Martino.**

## ❹ VIA ALESSANDRO SCARLATTI*

Dans cette longue rue piétonne du Vomero, les boutiques laissent peu de répit aux tentations. Les grands magasins et les galeries commerçantes Scarlatti et Vanvitelli complètent la panoplie. Le carrefour avec la via Luca Giordano est l'un des points de rassemblement des *ragazzi* du quartier.

## ❺ VILLA FLORIDIANA ET MUSEO DUCA DI MARTINA*

Offerte en 1817 par Ferdinand Ier de Bourbon à sa seconde épouse Lucia Migliaccio, duchesse de Floridia, la villa fut transformée par l'architecte toscan Antonio Niccolini, qui sut allier les lignes néoclassiques de l'édifice avec le romantisme du parc à l'anglaise. Célèbre pour ses plantations de camélias, le jardin est ponctué de belvédères, de fontaines et de fausses ruines. À l'intérieur du petit palais se trouve le Museo Duca di Martina, qui rassemble l'une des plus riches collections italiennes d'art décoratif qui est, surtout, réputée pour sa collection de porcelaines.

### Un paradis végétal

Sur la façade sud de la villa s'appuie un escalier en marbre. Respectant l'esthétique symétrique du goût néoclassique à proximité du bâtiment, les jardins se transforment en un labyrinthe de chemins sinueux dès lors qu'on s'en éloigne. Jeux de niveaux et scénographies romantiques, comme le petit temple ionique ou le *teatrino della verdura* (théâtre de verdure), en font un parfait modèle de jardin à l'anglaise.

### Un luxe digne d'une reine

Lorsqu'en 1917 mourut l'unique héritière de la duchesse de Floridia, la villa fut mise en vente et rachetée deux ans

Jardin de la Villa Floridiana

plus tard par l'État italien. Bien que tous les meubles aient été vendus aux enchères, deux salles témoignent encore de la richesse des aménagements intérieurs. Il s'agit de la petite salle au plafond décoré de stucs et de personnages mythologiques, et du grand salon de l'étage avec ses bas-reliefs des quatre saisons, ses corniches et consoles de marbre dominées par une voûte décorée de putti volants.

## Porcelaine au Museo Duca di Martina

Rassemblant quelque 6 000 pièces de verre, laque, corail, ambre, la collection est surtout réputée pour ses porcelaines. Le 1er étage est presque entièrement consacré à la porcelaine de manufacture européenne. Dans la salle de bal se trouvent les pièces maîtresses du musée, issues des manufactures de Capodimonte et de Doccia à Florence. À l'entresol, plus d'un million de pièces composent la section d'art oriental où dominent les productions chinoises et japonaises.

Via D. Cimarosa, 77 • ☎ 081 578 17 76 • www.polomusealecampania.beniculturali.it

**Jardin :** 8h30-19h (16h en hiver)

**Musée :** vis. guidées gratuites ven.-dim. 10h et 12h (porcelaines), lun. et mer.-dim. 9h, 10h, 11h, 12h, 13h (art oriental et médiéval) • Entrée : 2,25 €.

# 9 Chiaia ET LE *LUNGOMARE*

● Restos & bistrots p. 133 ● Bars, clubs & sorties p. 165 ● Boutiques p. 191

**C'est ici, sur le promontoire du Pizzofalcone, que les premiers colons grecs se sont installés, donnant naissance à la cité de Parthénope. Le château de l'Œuf, bâti sur l'îlot de Mégaride, veille quant à lui sur la ville depuis le XII^e^ siècle. C'est le point de départ d'une superbe promenade le long de la mer sur le *lungomare*, aménagé par les Bourbons. Le quartier chic de Chiaia déploie ensuite ses luxueuses vitrines et ses dizaines de bars, dont les terrasses envahissent les rues le soir venu.**

## ❶ VIA SANTA LUCIA*

Jusqu'au XVIe s., Santa Lucia était le nom d'une plage et d'un petit bourg de pêcheurs. En 1599, le vice-roi Don Enrique de Guzmán, comte d'Olivares, décide de transformer le quartier et de faire construire une grande rue pour favoriser l'expansion de la ville vers l'ouest. Les travaux ne s'achèvent qu'au XXe s., avec la construction d'immeubles séparant la rue du bord de mer. C'est ici que se trouvent les hôtels les plus luxueux de la ville, dont le célèbre Vesuvio.

Castel dell'Ovo

## ❷ CASTEL DELL'OVO**

**Château de l'Œuf**

Sur l'îlot de Mégaride s'élève le plus ancien château de la ville. Une légende médiévale veut que cette forteresse soit liée à Virgile. Un des talismans du poète serait, en effet, caché dans les fondations du château. Il s'agirait d'un œuf, conservé dans une bouteille protégée par une cage de métal. Tant que l'œuf restera intact, la ville ne subira ni destructions ni invasions... La terrasse du château offre une jolie vue à 360° sur le golfe.

**Borgo Marinari • ☎ 081 795 61 80 • En été : lun.-sam. 9h-19h30, dim. et j.f. 9h-14h ; en hiver : lun.-sam. 9h-18h30, dim. et j.f. 9h-14h • Dernière entrée 30 min avant la fermeture • Accès libre.**

## ❸ PIZZOFALCONE*

Sur ce rocher en forme de tête de faucon (*falcone*) face à la mer, les colons grecs fondèrent au VIIe s. av. J.-C. le site de Parthénope,

### Pause saveurs de la mer chez 'O Tabaccaro

Le **Borgo Marinari,** au pied du château de l'Œuf, est un ancien village de pêcheurs, reconverti en port de plaisance. Isolée au milieu des terrasses des restaurants touristiques, on repère la modeste enseigne 'O Tabaccaro. On l'appelle ainsi, car ce restaurant fait également office de bureau de tabac. Sur le port et en face des plus grands hôtels de la ville, Rosaria vous fera déguster les *spaghetti alla Conte*, avec crevettes et calamars (9 €). Service parfois un peu rude.

**● 66 • Borgo Marinari, via Lucullìana, 28 • ☎ 081 764 63 52 • T.l.j. 12h-15h30 et 20h-23h (f. jeu., f. dim. soir en hiver) ; juil.-août : t.l.j. 20h-23h.**

du nom de la sirène qui se laissa mourir sur le rivage. Rebaptisée **Paleapolis** 200 ans plus tard, la vieille ville est abandonnée jusqu'au XVIe s., quand elle devient le lieu de résidence de la noblesse napolitaine. Le **belvédère** de la via Egiziaca, malgré son piteux état, offre une belle vue sur le quartier et la mer.

**Accès par la Scala Ponte di Chiaia.**

## 4 PALAZZO SERRA DI CASSANO***

L'escalier monumental du palais révèle tout le génie de Ferdinando Sanfelice et son goût baroque pour les formes inutiles, merveilleusement mises en scène. L'escalier à double volée en marbre, avec ses balustres disposés en trompe-l'œil, donne accès à l'étage noble où le fameux **Istituto per gli Studi Filosofici** a élu domicile. L'intérieur est une succession de salons baroques, bibliothèques savantes et salles de réunion peintes de fresques.

**Via Monte di Dio, 14-15 • ☎ 081 764 26 52 • Ouv. en mai durant le Maggio dei Monumenti, vis. possible le reste de l'année en écrivant à istitutofilosofico@gmail.com (objet : Anna Heix/Visita). Sinon, on peut en journée rentrer dans la cour et découvrir la façade et l'escalier monumental.**

## 5 VILLA COMUNALE*

C'est l'un des poumons de la ville. Cette bande de verdure entre la via Caracciolo au sud et la Riviera di Chiaia au nord est le paradis des enfants et des parents. La construction de la promenade fut décidée par Ferdinand IV, qui en confia la réalisation à l'architecte Vanvitelli et au jardinier Abbate. Elle abrite le **Centre de recherche sur la biologie marine** (Stazione zoologica A. Dohrn) et l'**aquarium,** seule partie visitable du centre, actuellement fermé pour travaux. Les 25 bassins présentent une partie de la faune et de la flore du golfe. La construction en cours du métro a, pour le moment, quelque peu dénaturé le charme du jardin.

**Villa comunale : mai-oct. : t.l.j. 7h-minuit ; nov.-avr. : t.l.j. 7h-22h • Accès libre.**

## 6 CHIAIA**

L'élégante **piazza dei Martiri** est emblématique de ce quartier chic : aménagement soigné, statues altières posées au milieu d'un jardin verdoyant, boutiques de luxe envahissant les pas de porte... Dans les rues rectilignes qui cernent la place, en particulier dans la **via dei Mille** et dans la **via della Cavallerizza,** les jeunes créateurs montants côtoient les grandes marques, tandis que les adresses branchées fleurissent de toute part. Un musée d'art contemporain, le **Palazzo delle Arti Napoli,** propose quelques distractions plus spirituelles (via dei Mille, 60 ; lun., mer.-sam. 9h30-19h30, dim. 9h30-14h30 ; accès libre).

Au coucher du soleil, de nombreux bars ouvrent leurs portes et les rues sont envahies par des groupes de jeunes bien apprêtés.

## ❼ MUSEO PIGNATELLI★★

Devenu « promenade royale » sous l'impulsion de Ferdinand IV, le *lungomare* de Naples se couvrit dès le XVIIIe s. de demeures somptueuses. Difficile de manquer l'imposante colonnade néodorique de la Villa Pignatelli. Construite sur le modèle d'une ancienne maison pompéienne, cette villa-musée conserve l'atmosphère luxueuse et feutrée des grandes demeures patriciennes. Des expositions temporaires y sont organisées tout au long de l'année.

Museo Pignatelli

### Une résidence aristocratique

Dessinée par l'architecte Pietro Valente en 1826, la villa se distingue par sa situation surélevée, au beau milieu d'un jardin. Cette caractéristique révèle l'origine de son commanditaire, sir Ferdinand Richard Acton, qui appliqua les canons de l'esthétique anglaise de l'époque. Après la mort prématurée de sir Ferdinand, la villa fut rachetée par le banquier allemand Carl Mayer von Rothschild, qui la fit entièrement mettre au goût du jour par un architecte français. Ce n'est qu'en 1867 qu'elle fut acquise par le duc de Monteleone, le prince Diego Aragona Pignatelli Cortes.

### Appartements princiers et carrosses

Le musée est constitué des différentes pièces de la villa, léguées intactes à la commune de Naples en 1955 par la princesse Rosina Pignatelli. On visite les divers espaces de réception - le Salon rouge, le Salon vert, le Salon bleu -, la bibliothèque et la salle à manger où meubles et objets ont gardé leur place d'origine. La visite se termine par la découverte du petit **musée des Carrosses,** qui occupe un pavillon attenant aux anciennes écuries de la villa.

**Riviera di Chiaia, 200 • ☎ 063 996 70 50 • www.polomuseale • campania. beniculturali.it • T.l.j. 8h30-17h (billetterie ferme 1h avt la fermeture) • Entrée : 2 € (parc), 5 € (parc + musées Pignatelli et des Carrosses).**

# 10 Mergellina ET LE POSILLIPO

● Restos & bistrots p. 139 ● Bars, clubs & sorties p. 169 ● Boutiques p. 197

Le petit port de Mergellina, avec ses chalets et vendeurs ambulants, est un rendez-vous dominical incontournable pour les Napolitains. À quelques pas des barques colorées du port commence le Posillipo, long promontoire rocheux s'élevant au-dessus de la mer, connu pour ses incroyables villas et ses vues sur le Vésuve à couper le souffle. Le *Pausilypon* était pour les Grecs le « lieu où finissent les chagrins ». Malgré les constructions qui ont défiguré ses sommets, le Posillipo a conservé son charme millénaire.

## ❶ CHIESA SANTA MARIA DI PIEDIGROTTA*

Édifiée à l'emplacement d'une chapelle de pêcheurs au XIIIe s., l'église fut consacrée en 1353 sous le règne des Angevins. Elle est à l'origine de la très célèbre fête de Piedigrotta, qui se célèbre chaque année le 8 septembre, jour de la nativité de Marie. Une superbe statue en bois représentant la Madone à l'Enfant orne le maître-autel. Sur la voûte, de belles fresques de Gaetano Gigante illustrent l'histoire de Jésus et de Marie entourés de figures allégoriques.

**Piazza Piedigrotta • ☎ 081 66 97 61 • T.l.j. 7h30-12h et 17h-20h (messe à 19h) ; dim. : 7h30-12h et 17h30-20h.**

## ❷ PARCO VERGILIANO**

Appelé « Parco Vergiliano », car il est censé abriter la tombe de Virgile, qui n'est en réalité qu'un columbarium anonyme d'époque romaine, le parc héberge néanmoins celle du célèbre poète Giacomo Leopardi. Mais l'âme de Virgile est bien présente, lui qui, selon la légende, aurait creusé d'un seul geste la grotte qui s'ouvre en haut du parc. Cette percée de plus de 700 m, destinée à relier Naples aux champs Phlégréens, date en effet du Ier s. av. J.-C. À l'entrée du tunnel, aujourd'hui fermé, on peut encore apercevoir les traces de nombreuses épigraphes et de fresques d'époque médiévale. Attention, la montée jusqu'au parc est très rude !

**Derrière l'église de Piedigrotta. Montez la Salita della Grotta pour y accéder (n° 20) • ☎ 081 66 93 90 • T.l.j. 9h-14h (f. mar.) • Accès libre.**

## ❸ LES CHALETS DE MERGELLINA*

En face des vendeurs de *taralli caldi* (petites couronnes tressées, préparées avec de l'eau, de la farine, de la graisse de porc, des amandes et du poivre), le long du port, il y a les chalets de

### Pause pizza chez 50 Kalò di Ciro Salvo

Décor contemporain et lignes épurées pour cette pizzeria new-look signée Ciro Salvo, l'un des maîtres incontestés de la pizza napolitaine. Sa recette ? Une pizza légère et facile à digérer qui utilise les meilleurs produits de Campanie : *fior di latte* des monts Lattari, *mozzarella di bufala*, anchois de Cetara, câpres de l'île de Salina (archipel des Éoliennes) et, bien sûr, des tomates de San Marzano. Bref, que des produits AOC pour l'une des meilleures *pizze* de Naples !

**● 73 • Piazza Sannazzaro, 201/C • ☎ 081 192 04 667 • www.50kalo.it • T.l.j. 12h30-0h30 • *Margherita* : 6,50 €.**

Mergellina. Comme leur nom ne l'indique pas, ce sont de petits kiosques de marchands de glaces. Ces établissements marquent la halte rituelle de la promenade du dimanche après-midi. On y vient pour déguster de délicieuses glaces faites maison, des *frullati* (milk-shakes) à base de fruits exotiques (5,50 €) et des salades aux fruits de saison. Le **chalet Ciro a Mergellina** est l'un des plus connus et des plus appréciés (p. 140).

## ❹ BAGNO ELENA*

Voilà la façon la plus simple de se baigner en ville. Situé dans une jolie petite baie, au début de la via Posillipo, cet établissement balnéaire met à votre disposition toutes les commodités pour passer un agréable moment. L'endroit offre un panorama de choix avec, d'un côté, le Vésuve, de l'autre, le Palazzo Donn'Anna et, en face, l'île de Capri. Possibilité de louer un parasol, une chaise longue et pourquoi pas un lit de plage !

**Via Posillipo, 14 • ☎ 081 575 50 58 • www.bagnoelena.it • Avr.-nov. : t.l.j. 8h-17h30 • Entrée : 10-12 € avec un transat ; 7 € le parasol.**

## ❺ PALAZZO DONN'ANNA**

Le palais doit son nom à Donn'Anna Carafa della Stadera. La construction, commencée en 1637, après le mariage de Donn'Anna, ne fut jamais terminée. Abandonné, saccagé, remanié, les fenêtres hautes et larges, sans vitres, lui ont donné cette silhouette de palais hanté. Théâtre de nombreuses légendes, témoin muet d'amours interdites et de morts atroces, c'est un des lieux cultes de la ville.

**Largo Donn'Anna, 9.**

## ❻ VIA POSILLIPO ET PIAZZA SAN LUIGI*

Le long de la via Posillipo, vous pourrez jouir des plus belles vues sur le golfe de Naples, le Vésuve, Capri et le Capo Posillipo.

La piazza San Luigi, en forme d'amphithéâtre, vous permettra de vous arrêter facilement, en voiture comme en bus. Les autorités napolitaines avaient ordonné son aménagement dans le but de limiter les embouteillages : les automobilistes, fascinés par la vue sur le golfe, s'arrêtaient en plein milieu de la route ! C'est ici que le mythique glacier Bilancione s'est installé (p. 139).

## 7 CAPO POSILLIPO**

Après la vaste piazza Salvatore Di Giacomo, on descend par la via Ferdinando Russo qui serpente jusqu'au bord de mer. Tout en bas, sur une pointe du Capo Posillipo, un petit port au charme fou vous attend. Bordé par les tours rondes de la **Villa Volpicelli,** un bar a aménagé sa jolie terrasse sur la cale (Bardelmare, p. 169). On se baigne en s'élançant des rochers et on profite d'une vue sublime.

## 8 MARECHIARO**

*Marechiaro,* là où « la mer est calme », est une étape incontournable du Posillipo. Fréquenté dès les années 1960 par le gratin mondain et les stars d'Hollywood, ce petit port romantique abrite de superbes villas, quantité de restaurants de poisson et quelques établissements balnéaires. Les dimanches d'été, la foule y est dense ! L'endroit est célèbre grâce à une chanson, *A Marechiaro,* qui appartient au répertoire classique napolitain : elle raconte l'histoire de Caroline, une jeune fille se penchant à sa *fenestrella* pour écouter son amant venu lui chanter une sérénade.

### Pause au bord de l'eau à Marechiaro : Hostaria La Vela

Au bord de l'eau, un restaurant au décor kitsch : objets de corail, maquettes de bateau, gouvernail. Une terrasse couverte et une autre, sous le soleil, qui surplombe une crique peuplée de barques de pêcheurs. Sur des tables aux nappes bleu et blanc, on déguste friture du golfe, pâtes au poisson ou salade de poulpe savoureuses.

**● 74 • Calata Ponticello a Marechiaro, 37 • ☎ 081 575 10 95 • T.l.j. 8h30-15h et 19h-minuit • Entrées : à partir de 10 € ; plats : 10-18 €.**

## 9 PARCO DI POSILLIPO**

Dominant, du haut de son promontoire, les golfes de Naples et de Pozzuoli, ce parc, appelé aussi « Parco Virgiliano », se révèle être un endroit idéal pour une promenade familiale au coucher du soleil. À l'horizon se découpent les silhouettes de Capri, Ischia et Procida.

**1er mai-20 juin : t.l.j. 7h-minuit ; 21 juin-30 sept. : t.l.j. 7h-1h ; 1er oct.-30 avr. : t.l.j. 7h-21h.**

# 11 Pozzuoli et les CHAMPS PHLÉGRÉENS

● Restos & bistrots p. 141 ● Bars, clubs & sorties p. 170

## COMMENT Y ALLER ? VOIR CARNET PRATIQUE P. 209

**Cratères fumants ou assoupis, lacs volcaniques, ruines antiques, cités de caractère et plages aux eaux cristallines s'imbriquent comme par magie autour du golfe de Pozzuoli. Zone « ardente » connue depuis l'Antiquité pour ses bienfaits, mais aussi ses dangers, les champs Phlégréens ont été façonnés par une activité sismique intense. À 30 minutes de Naples, voici une excursion passionnante et unique.**

## ❶ POZZUOLI★★★

À la fin du IIe s. av. J.-C., Puteoli était l'un des ports les plus florissants de la Rome antique. Ville cosmopolite peuplée par plus de 50 000 habitants, elle accueillait les cargaisons en provenance de toute la Méditerranée et à destination de Rome : vestiges de cette glorieuse époque, le gigantesque amphithéâtre et le temple de Sérapis. Victime du bradyséisme (remontée ou baisse lente du niveau du sol, d'origine volcanique), il fallut attendre les Aragonais pour que la cité se relève. Aujourd'hui,

Pozzuoli est une agréable extension maritime de Naples.
**Accès par la ligne 2 du métro (Pozzuoli) ou par la Cumana (Pozzuoli, départ depuis Montesanto) • Office de tourisme de Pozzuoli : largo Matteotti, 1 • ☎ 081 526 14 81 • www.infocampiflegrei.it • Entrée : 4 € (billet combiné 8 € avec parc archéologique de Cuma, amphithéâtre et temple de Sérapis de Pozzuoli, musée des Champs Phlégréens de Bacoli, valable 2 j.).**

## Anfiteatro Flavio et Tempio di Serapide

Au centre de Pozzuoli, comment rater le monumental **amphithéâtre Flavien,** qui date du Ier s., le plus vaste d'Italie après le Colisée et celui de Capoue ? Les parties les mieux conservées sont les souterrains, où attendaient les bêtes en cage et les gladiateurs avant les combats. C'est dans l'arène de cet édifice que San Gennaro, le patron de Naples, fut jeté aux fauves en 305 avant d'être décapité à la Solfatara.

Anfiteatro Flavio

En redescendant vers le port, on découvre le **temple de Sérapis,** qui était en réalité l'ancien marché romain (piazza Serapide).
**Via Carmine • ☎ 081 526 60 07 • Mer.-lun. : nov. au 15 janv. 9h-14h45,**

### Pause glace chez Sottozero Gelateria della Signora

Ce petit glacier installé sur la place centrale de Pozzuoli saura vous faire fondre de plaisir avec ses glaces artisanales crémeuses et délicates. Large choix de parfums, qui permet de satisfaire tous les amateurs : on vous recommande la pistache (de Bronte), le citron (de Sorrento), mais aussi la glace à la *cassata* ou la figues-noix. La patronne, originaire d'Émilie-Romagne, a largement converti les locaux à son style.

**● 77 • Piazza della Repubblica, 64, Pozzuoli • ☎ 081 195 07 132 • T.l.j. 10h-minuit (1h ven.-sam.).**

1er-31 oct. 9h-16h15, 16 janv.-15 fév. 9h-15h20, 16 fév.-31 mars 9h-16h, 1er-15 avr. et 16-31 août 9h-18h, 16-30 avr. et 1er-15 août 9h-18h20, 1er-mai-31 juil. 9h-18h40, sept. 9h-17h • Entrée : 4 € (billet combiné avec parc archéologique de Cuma, thermes de Baia, musée des Champs Phlégréens de Bacoli, valable 2 j.).

## Rione Terra

Évacué définitivement en 1971 à cause du bradyséisme, le quartier aragonais de Rione Terra est établi sur un promontoire de tuf dominant la ville, face à la mer. De vastes travaux de restauration permettent désormais de visiter ses rues colorées et de découvrir les incroyables richesses de son sous-sol, où des vestiges antiques ont été dégagés. Un **parcours archéologique** fait revivre la Puteoli des origines grâce à un ingénieux dispositif multimédia, animant les échoppes et tavernes du cardo romain. En sortant, ne manquez pas de découvrir la **Cathédrale incendiée,** qui se révéla être construite par-dessus le temple d'Auguste. Les gigantesques colonnes antiques, désormais bien visibles, tranchent avec les décorations baroques du chœur et d'une chapelle rescapée des flammes.
Accès par la rampe de la via Duomo • ☎ 081 199 36 286 • Accès libre au quartier et à la cathédrale (sam.-dim. 9h30-13h30 et 15h30-18h30) • Vis. guidées pour le parcours archéologique (plusieurs langues) : sam., dim. et j.f. 9h-16h30 : 5 €.

Solfatara

## ❷ SOLFATARA**

La Solfatara est un cratère de 700 m de diamètre, né d'une explosion datant de 4 000 ans. Il doit à de nombreux phénomènes volcaniques son atmosphère des plus étranges : couleurs venues d'une autre planète, odeur tenace de soufre, gaz qui remontent en surface sous forme de fumerolles, etc. Une impression de marmite infernale en ébullition, pour une visite fascinante.
Via Solfatara, 161 • ☎ 081 526 23 41 • F. au public, la date de réouverture n'est pas encore connue.

## ❸ OASI NATURALISTICA DI MONTE NUOVO★

Le Monte Nuovo, le plus jeune volcan d'Europe, s'est formé au cours de l'éruption de 1538. Peu élevée (140 m), cette zone protégée est un agréable lieu de promenade. Trois itinéraires (durée 1h, 2h ou 3h) permettent de découvrir l'originalité géologique et botanique du lieu. La vue sur le golfe de Pozzuoli est magnifique.

**Via Virgilio, Arco Felice • ☎ 081 804 14 62 • T.l.j. 7h-17h (18h en hiver) • Accès libre (contactez le Centro Studi dell'Oasi pour les visites guidées).**

## ❹ BAIA★★

Face à Pozzuoli, de l'autre côté de la baie, Baia est aujourd'hui un petit port tranquille. Il n'en a pas toujours été ainsi, « Baïes » étant dans l'Antiquité un centre thermal et balnéaire fréquenté par les personnages les plus importants de Rome. Cicéron l'a décrite comme un lieu de plaisirs et de fêtes, tout comme Ovide dans ses *Amours*. On tente d'imaginer cette époque en visitant le vaste parc archéologique. Baia possède également quelques jolies plages et une forteresse aragonaise, abritant un intéressant musée archéologique.

### Parco archeologico delle terme di Baia

Le parc archéologique des thermes romains de Baïes réserve de belles surprises au visiteur : il découvrira un vaste complexe composé de thermes et de villas nobiliaires aménagé en terrasses.

Les « temples » (Diane, Vénus, Mercure) sont en fait d'anciens complexes thermaux. En bas du site, vous pourrez découvrir l'atmosphère magique de celui de Mercure. En réalité, une grande partie des vestiges ont été engloutis par la mer vers l'an 300. Plusieurs centres de plongée proposent plongées et snorkeling dans les ruines : une expérience unique ! (p. 11)

**Via Sella di Baia, 22, Bacoli (accès : Ligne Cumana arrêt Fusaro, puis bus ou marche de 15 min) • Mar.-dim. 9h jusqu'à 1h avt le coucher du soleil • Entrée : 4 € (billet combiné 8 € avec parc archéologique de Cuma, amphithéâtre et temple de Sérapis de Pozzuoli, musée des Champs Phlégréens de Bacoli, valable 2 j.).**

### Castello et Museo Archeologico dei Campi Flegrei

Construite sur un promontoire tombant à pic dans la mer, cette forteresse aragonaise, commencée en 1495, abrite depuis quelques années le **Musée archéologique** des champs Phlégréens. Le complexe destiné au culte de l'empereur, qui vient du forum de Misène en partie recouvert par la mer, a été reconstitué dans une des tours.

**Forteresse et musée des Champs Phlégréens • Via Castello, 39, Baia • www.patleg.it • Mar.-dim. 9h-13h (dern. entrée) : 4 € (billet combiné 8 € avec parc archéologique de Cuma, thermes de Baia, amphithéâtre et temple de Sérapis de Pozzuoli, valable 2 j.).**

## ❺ CASINA VANVITELLIANA★★

Raffinée et longtemps oubliée, cette « petite maison », *la casina* en italien, dessinée par Vanvitelli en 1782, a été restaurée en 1991. Son reflet dans le lac Fusaro ajoute encore au romantisme du lieu qui abrita les amours de Fernand IV de Bourbon et de

### Pour une pause authentique : Sciardac

À première vue, on croirait plus une épicerie au comptoir débordant de victuailles qu'un restaurant. Ni l'une ni l'autre, un peu entre les deux, ici, on mange aussi bien un *panino* géant qu'un plat ou un dessert. Et, si les produits vous plaisent, vous pouvez acheter à emporter tomates séchées, charcuteries, vins ou miel. Un mot d'ordre, l'abondance ; et une exigence, la grande qualité des produits locaux. Parfait pour aller croquer un *panino friarielli e salsiccia*, un grand classique, après une visite au château.

**● 78 • Via Roma, 156, Bacoli • Ven.-mer. 8h-20h • ☎ 333 473 0081 (mob.) • Sandwichs à partir de 3,50€.**

Casina Vanvitelliana

sa seconde épouse morganatique, Lucia Migliaccio, duchesse de Floridia. La Casina inspira-t-elle aussi Mozart et Rossini, qui y séjournèrent ?

**Via Carlo Vanvitelli, lac Fusaro • www.parcovanvitelliano.it**
**Casina : été sam.-dim. et j.f. 10h-20h, hiver sam.-dim. et j.-f. 10h-18h (billetterie ferme 30 min avt) • Entrée : 3 € • Parc : t.l.j. de 9h jusqu'à 1h avant le coucher du soleil • Entrée libre.**

## 6 PARCO ARCHEOLOGICO DI CUMA★★★

### Parc archéologique de Cumes

Cumes est la plus ancienne colonie grecque d'Occident. Parmi les richesses du site, pas encore entièrement dévoilées, l'antre de la Sibylle au pied de l'acropole est le lieu le plus envoûtant. Cette galerie longue de 130 m et de forme trapézoïdale capte d'étranges jeux de lumière. D'après la légende, ce serait le lieu où la célèbre Sibylle, qui rendait les oracles, dévoila son destin à Énée. En fait, il s'agirait moins poétiquement d'un ouvrage militaire…

**Via Monte di Cuma, 3, Pozzuoli • ☎ 081 854 30 60 • Déc. t.l.j. 9h-14h45, toutes les deux semaines on ajoute 15 min à l'horaire de fermeture • Entrée : 4 € (billet combiné 8 € avec parc archéologique de Cuma, thermes de Baia, amphithéâtre et temple de Sérapis de Pozzuoli, musée des Champs Phlégréens de Bacoli, valable 2 j.).**

# 12 Pompéi ET HERCULANUM

## COMMENT Y ALLER ? VOIR CARNET PRATIQUE P. 209

**Le 24 octobre 79, l'explosion du Vésuve détruit les villes de Pompéi et d'Herculanum. Pompéi disparaît sous un épais manteau de cendres et de lapilli, tandis qu'Herculanum est recouverte d'une coulée de lave et de boue, ce qui explique sa meilleure conservation. Oublieuses des colères du Vésuve, les villes nouvelles de Pompéi et d'Ercolano étendent aujourd'hui leurs tentacules sur les hauteurs du volcan.**

## ❶ LA CITÉ ANTIQUE DE POMPÉI★★★

Porta Marina, via Villa dei Misteri • ☎ 081 857 53 47 • www.pompeiisites.org • T.l.j. : avr.-oct. 8h30-19h30, nov.-mars 8h30-17h • Dernière entrée 1h30 avant la fermeture • Entrée : 15 € (pass 3 jours Pompéi, Oplontis et Boscoreale : 18 €) • **Plan de la cité sur le plan détachable.**

### Foro★★

**Forum**

C'est une place rectangulaire de 38 m de large sur 142 m de long, entourée sur trois côtés par un portique. Centre de la vie politique, religieuse, judiciaire et économique, on y trouve la plupart des grands édifices de la ville : le **Tempio di Apollo** et le **Tempio di Giove** (Jupiter) ; le **macellum,** grand marché couvert où l'on vendait viande, poisson et légumes frais ; et la **basilique,** sans doute le plus important édifice de Pompéi, siège du tribunal et de la vie économique de la ville.

### Casa del Fauno★★

Avec ses 3 000 m² et ses deux atriums et péristyles (de 28 et 44 colonnes !), la maison du Faune était la plus grande des maisons de Pompéi, conçue pour refléter la puissance de la famille. La statue en bronze du faune dansant, qui a donné son nom à la maison, est une copie, l'original, datant du IIᵉ s. av. J.-C., est conservé au Musée archéologique de Naples ; tout comme l'extraordinaire mosaïque représentant la bataille d'Alexandre le Grand, située à l'origine dans le salon d'apparat (exèdre).
Vicolo del Fauno.

Via dei Sepolcri, Pompéi

Anfiteatro

## Casa dei Vettii

La Casa dei Vettii, propriété de riches marchands, mérite également le détour. Les fresques intérieures, en particulier celle du vestibule représentant Priape pesant son énorme phallus, sont dans un état de conservation exceptionnel.

## Via dei Sepolcri et Villa dei Misteri***

La via dei Sepolcri « des Tombes » est la nécropole la plus complète de Pompéi. Bordée à droite et à gauche de monuments funéraires, cette rue en escalier conduit à la villa des Mystères, à l'extérieur des murs. Cette ancienne maison patricienne doit sa célébrité aux fresques qu'elle renferme. Les peintures, un cycle de 29 figures, grandeur nature, représenteraient l'initiation d'une jeune mariée aux mystères de Dionysos, dieu de la Vigne, du Vin et du Délire extatique.
**Via Villa dei Misteri.**

## Lupanare***

C'est la maison close la mieux conservée de Pompéi. Les chambrettes avec lit et traversin en maçonnerie étaient fermées par une porte en bois. La décoration, représentant des scènes érotiques, évoque sans détour les prestations offertes par les prostituées et les domestiques à la demande du client.

## Terme Stabiane

Pour vous faire une idée de ce qu'était la vie quotidienne à Pompéi, ne manquez pas les Terme Stabiane, sans doute les plus anciens thermes publics de la ville.

## Casa di Octavius Quartio

Au IIe s. av. J.-C., la lumière tombée du toit de l'atrium dictait encore la distribution de toutes les pièces (la salle à manger ou *triclinium*, les chambres à coucher ou *cubicolae*) autour de lui. Mais deux siècles plus tard, avec l'arrivée de la galerie à colonnade (péristyle), ouverte sur des jardins en terrasses, les espaces domestiques migrent vers la lumière. Ne manquez pas les fresques du grand *triclinium*

inspirées des mythes d'Hercule et de la guerre de Troie.
Via dell'Abbondanza.

## Anfiteatro***

Construit en 80 av. J.-C., l'amphithéâtre est considéré comme l'un des plus anciens édifices de ce type connus à ce jour. Pour la construction, on a adopté le système du déblaiement reporté : la terre sur laquelle reposent les gradins provient de l'arène. C'est pour cette raison que celle-ci se trouve en dessous du niveau de la place et qu'elle ne possède pas de souterrain.

## ❷ LA CITÉ ANTIQUE D'HERCULANUM***

Corso Resina, Ercolano • ☎ 081 857 53 47 • www.pompeiisites.org • T.l.j. : avr.-oct. 8h30-19h30 (9h sam.-dim.) ; nov.-mars 8h30-17h (9h sam.-dim.) • Dernière entrée 1h30 avant la fermeture • Plan d'Herculanum disponible sur www.campanie-campania.net • Entrée : 11 €.

### Casa dell'Atrio a Mosaico**

**Maison de l'Atrium aux mosaïques**
Elle tire son nom de l'atrium pavé d'une mosaïque en damier blanc et noir. Les irrégularités du sol sont dues au poids de la coulée de lave. La maison bénéficiait d'une belle vue sur la mer. De la terrasse, le mur de lave qui obstrue la vue permet de mieux se rendre compte de l'épaisseur de la coulée (jusqu'à 25 m).
Insula IV, Cardine IV.

### Casa di Nettuno e Anfitrite**

Cette élégante demeure à deux étages abrite un *triclinium* d'été et un sanctuaire dédié aux nymphes (nymphée) décoré de mosaïques polychromes représentant Neptune et Amphitrite (dieu et déesse de la Mer). La boutique d'à côté, celle d'un riche marchand de vin, est l'une des mieux conservées de l'Antiquité :

Mosaïques sur une façade à Herculanum

boiseries, meubles, ustensiles, amphores à vin sont en parfait état.
**Insula V, Cardine IV.**

## Casa a Graticcio***

**Maison à Claie**
Elle doit son nom au treillage de bois formant le squelette des murs. Très bien conservée, cette modeste habitation comprend deux appartements indépendants. Certaines pièces étaient réservées à la location. C'est le seul exemple d'architecture populaire qui soit parvenu jusqu'à nos jours.
**Insula III, Cardine IV.**

# ❸ ERCOLANO, LA VILLE NOUVELLE D'HERCULANUM*

## Museo Archeologico Virtuale**

Devant les ruines d'Herculanum, difficile de reconstituer l'image vivante d'une ville de 5 000 habitants connue pour la beauté de ses villas patriciennes et de ses jardins de sculptures. La solution ? L'excellent Musée archéologique virtuel (MAV), qui reconstitue à coups de capteurs et d'images virtuelles le monde englouti des villes romaines du golfe de Naples. De l'interactif intelligent, à découvrir absolument !
**Via IV Novembre, 44 • ☎ 081 777 68 43 • www.museomav.it • T.l.j. : mars-mai 9h-17h30 ; juin-sept. 10h-18h30 ; oct.-fév. : 10h-16h • Entrée : 7 € ; musée + vidéo de l'éruption : 10 €.**

## Resina

Si les vêtements d'occasion et les surplus militaires vous tentent, vous trouverez votre bonheur au marché aux puces de Resina. Il faut savoir fouiller pour découvrir des trésors au milieu d'étalages qui regorgent de vêtements de tous les styles et à tous les prix. Prenez le temps de jeter un coup d'œil au linge de maison, il y a souvent de très bonnes affaires à réaliser.
**Via Pugliano • Tous les matins.**

# ❹ AZIENDA AGRICOLA FUOCOMUORTO*

En 1780 déjà, sur ces mêmes terres accrochées aux flancs

## Pause déj' à Ercolano : Luna Caprese*

Avec ses nappes et ses fleurs en plastique sous un éclairage au néon, cette petite cantine du haut de la via IV Novembre ne paie pas vraiment de mine ; mais, à voir la foule qui s'y presse chaque midi, dévorant avec une délectation visible *pizze* (3,50-6 €), gnocchis, spaghettis aux coques (7 €) et lasagnes maison, on s'y installe pour se laisser prendre à son tour.

**● 79 • Via IV Novembre, 68, Ercolano • ☎ 081 777 15 43 • Lun.-sam. 12h-15h et 18h-22h30.**

Montée sur le Vésuve

du Vésuve, un certain Vincenzo Oliviero cultivait de la vigne pour élaborer le célèbre lacryma-christi. Quelque 230 ans plus tard, un autre Vincenzo Oliviero s'attache encore à cette noble tâche. Les amateurs de rouge opteront pour l'excellente cuvée rosso magma (8 €/bouteille), vieillie un an en barrique. Le lacryma bianco et le caprettone vesuvio (8 €) sont également délicieux.

**Contrada Croce dei Monti, 22 • ☎ 081 739 46 55 ou ☎ 331 522 69 37 (mobile de Vincenzo) • www.fuocomuorto.it**

## ❺ PARCO NAZIONALE DEL VESUVIO★★

C'est avec de bonnes chaussures que vous pourrez affronter la montée jusqu'au cratère. Depuis le sommet du volcan, à 1281 m d'altitude, vous pourrez admirer par temps clair le cratère, assez impressionnant, de 650 m de large sur 230 m de profondeur, et l'ensemble du golfe. Une dizaine de sentiers de randonnée, de la « vallée de l'Enfer » (10 km) au « Fleuve de lave », permettent de découvrir les paysages et la faune du Vésuve. Une balade surprenante et très agréable. Par beau temps, la vue sur le golfe de Naples est époustouflante et surprenante, car il n'y a que de là que l'on peut admirer la baie sans son volcan.

**Pour rejoindre le cratère, voir le carnet pratique p. 209. ☎ 081 865 39 11 et ☎ 081 239 56 53 (visites) • T.l.j. 9h-15h (18h en été f. par mauvais temps) • Prévoyez environ 2h de marche • Entrée : 10 €.**

# SOUS le volcan

**Le Vésuve est l'emblème de la ville. Vous retrouverez sa silhouette familière dans toutes les représentations du golfe de Naples. Symbole à la fois de destruction et de fertilité, il est vénéré par les Napolitains, qui le parent de multiples légendes. Ses colères sont comparées à celles d'un dieu antique ou de quelque puissance infernale que l'on tente d'apaiser en invoquant San Gennaro (saint Janvier). Malgré le danger, les terres fertiles situées à proximité sont extrêmement convoitées...**

La baie de Naples, avec le Vésuve et le Monte Somma en toile de fond

## Pas un volcan, mais deux !

C'est à l'intérieur du Monte Somma, le plus ancien cratère, que s'édifia, à partir du III^e s. apr. J.-C., le Vésuve proprement dit. L'histoire du volcan est ponctuée de longs sommeils et de brusques réveils. De nombreuses éruptions, plus ou moins explosives, ont inlassablement remodelé son allure. Parmi les plus tragiques : celle de 79 apr. J.-C., qui ensevelit Pompéi et Herculanum, mais également celle de 1631, responsable de 4 000 morts, ou encore celle de 1906. Après son réveil, en 1944, le monstre semble s'être (momentanément ?) assoupi et le cratère ne fume plus comme sur les images d'autrefois. L'observatoire vésuvien, installé depuis 1845, surveille constamment son pouls et une éruption peut être prévue un mois à l'avance.

## Une terre de feu

Fumerolles, émanations de gaz sulfureux dites ***« solfatare »***, sources chaudes aux multiples vertus ou secousses souvent imperceptibles rappellent que le sous-sol de la Campanie bouge sans cesse. Le dernier tremblement de terre, en 1980, a fait plus de 1500 morts dans la région. Dans les champs Phlégréens, le sol se soulève et s'affaisse lentement : cette « respiration » s'appelle le bradyséisme.

## Les larmes du Christ

D'après une légende locale, le Christ, parcourant le monde, arriva en Campanie et monta au sommet du Vésuve. Découvrant ce site splendide, il s'écria : « C'est un paradis terrestre, mais les habitants sont de vrais diables ! » Et, à cette pensée, il se mit à pleurer. Là où ses larmes baignèrent le sol, des femmes plantèrent de la vigne. Ces terres volcaniques ont donné naissance à l'un des meilleurs vins d'Italie, le lacryma-christi. Pour conserver son arôme, le blanc ne doit pas être bu trop frais (10 °C).

## Des versants convoités

Depuis l'Antiquité, la proximité du volcan attire et fascine, malgré le danger. Actuellement, 700 000 personnes, soit plus de 3 000 habitants au km², vivent dans cette zone à haut risque. Richesse des terres, beauté des lieux, manque d'espace chronique, ou trop courte mémoire des hommes ? Des milliers de maisons furent construites abusivement après la dernière éruption. Le parc national du Vésuve, créé en 1995, a permis de délimiter une zone de 85 km² protégée de la pression immobilière, où faune (renard, épervier, faucon) et flore (dont de nombreuses espèces d'orchidées) des versants du volcan peuvent retrouver toute leur place. Populations locales et touristes se réapproprient cette vaste zone rurale, terre de folklore et de culture devenue aussi une destination prisée des randonneurs (p. 89).

## Funiculì funiculà

Cette grande cicatrice blanche sur le flanc du volcan est l'empreinte du tracé de l'ancien funiculaire qui ferma après l'éruption de 1944, en dépit des tentatives successives pour le remettre en service. La fameuse chanson *Funiculì funiculà,* qui célébra son inauguration, en 1880, appartient désormais au répertoire classique napolitain.

### UN VOLCAN EN CHOCOLAT

Parmi les produits phares de la maison **Gay Odin** (p. 187), le Vesuvio célèbre ses 20 ans d'existence. Comme son nom l'indique, c'est une fidèle représentation du volcan. La lave est une crème à la noisette enveloppée de chocolat noir, et son cratère déborde de noisettes pilées. Il existe en petit format (4,50 €) et peut aussi atteindre 1 kg (70 €) !

# POMPÉI AVANT le désastre

**Le site, redécouvert en 1748, nous dévoile l'histoire de cette civilisation qui s'est endormie le 24 octobre 79. L'état de conservation de ce véritable musée à ciel ouvert est tel que le promeneur imagine aisément les orateurs en toge ou les cris des commerçants sur le marché… Bref, la vie quotidienne à Pompéi !**

Pompéi

## La domus pompeiana

Le type de demeure le plus fréquent à Pompéi juxtapose deux influences : italique d'une part, avec l'atrium, hellénistique d'autre part, avec le péristyle. L'**atrium** est une cour intérieure avec une ouverture dans le toit *(compluvium)* pour donner de la lumière et faire couler les eaux de pluie recueillies dans un bassin *(impluvium)*. Le maître de maison y reçoit les clients ou les personnages officiels. Le **péristyle** est un jardin d'agrément entouré de portiques, où sont aménagées chambres et salles de réception.

## Un esprit sain…

Dans les familles de l'aristocratie, l'éducation des enfants est confiée à une nourrice ou à un pédagogue grec. En revanche, il existe pour les plus pauvres une école publique, qui se tient sous le portique du forum ou de la grande palestre. Mais l'obligation scolaire n'existant pas dans l'Antiquité, beaucoup de Pompéiens, ne sachant ni lire ni écrire, ont recours aux écrivains publics. Plus tard, le Pompéien continue de se cultiver en allant au grand théâtre ou à l'odéon, le petit théâtre couvert. Les pièces représentées sont des comédies ou des tragédies. Mais il existe aussi des variantes, comme le mime ou l'atellane, farce populaire qui est un peu l'ancêtre de la commedia dell'arte.

## … dans un corps sain

Le sport est très populaire et l'éducation physique tient une place importante dans la vie quotidienne des Romains. La **palestre** est un gymnase en plein air où les hommes s'exercent au lancer du disque, au saut avec haltères et à la lutte. Pour les Romains de l'époque, le sport n'est qu'un prétexte qui sert à préparer le corps afin de mieux apprécier le bain que l'on prend dans des établissements appelés « **thermes** ». Il en existe trois à Pompéi.

## Les jeux du stade

Les Pompéiens adorent les jeux de l'amphithéâtre, où les combats de gladiateurs sont la principale attraction. Leur popularité est extraordinaire, la foule connaît leur nom, les interpelle et célèbre leurs exploits amoureux. Mais il s'y déroule aussi plusieurs combats d'hommes contre des fauves, ou de bêtes sauvages contre des bêtes domestiques.

## Panthéon pompéien

La religion est partout présente et la vie de tous les jours est rythmée par le culte des dieux. Il existe des centaines de divinités auxquelles le Pompéien rend hommage. Les temples et les statues, très nombreux, montrent que les cultes romains (Jupiter, Junon, Minerve), égyptiens (Isis, Sérapis, Anubis) et ceux des protecteurs de la cité (Hercule, Bacchus, Vénus) cohabitaient sans problème.

## Salve lucrum : vive le gain!

Cette phrase, trouvée sur un mur, montre que l'économie tenait une place importante. Pompéi doit sa prospérité à sa topographie. Ce port, qui a des liens avec le reste de la péninsule, la Numidie (l'Algérie actuelle) et même l'Asie, a une économie dynamique qui repose sur la fertilité et la richesse du sol de la région. L'agriculture est l'activité la plus importante, et le commerce et l'artisanat dépendent de cette dernière. Les produits sont vendus dans des ***tabernae***. Ces boutiques, abritant boulangers, bijoutiers, cordonniers, quincailliers et autres marchands de vêtements et de vin, jalonnent la via dell'Abbondanza.

## LES AFFAIRES DE LA CITÉ

es esclaves libèrent la classe dirigeante de tout souci matériel et lui ermettent de jouer le seul rôle digne d'elle : un rôle politique. Le cœur e la vie politique pompéienne est le forum. Les citoyens s'y assemblent, est ici que se tiennent toutes les discussions politique et économique.

# 13 Ischia ET PROCIDA

● Restos & bistrots p. 142 ● Bars, clubs & sorties p. 170 ● Boutiques p. 198

COMMENT Y ALLER ? VOIR CARNET PRATIQUE P. 207

**Ischia, également appelée « île Verte » à cause de l'abondance de sa végétation, est la plus grande île du golfe. La variété de son relief et de son climat en fait un continent en miniature. Procida, plus petite, est une île simple et authentique. Moins touchée par le tourisme que sa grande sœur, elle est toujours attachée à ses traditions et vaut la traversée.**

## ISCHIA

### ❶ CASTELLO ARAGONESE★★

L'histoire de l'îlot sur lequel se dresse la forteresse est un résumé de l'histoire mouvementée de l'île. La forteresse, construite en 474 av. J.-C., n'acquiert sa forme définitive qu'entre le XIV$^{e}$ et le XVI$^{e}$ s. L'enceinte fortifiée abrite une véritable citadelle constituée de monuments d'époques différentes : le

### Pause sucrée chez Calise

Ce bar-pâtisserie-glacier est le paradis des gourmands. Au milieu d'une oasis de plantes tropicales, on y trouve un choix impressionnant de gâteaux et de glaces. Ne manquez pas la *tortina bianca*, un gâteau à la crème nappé de chocolat blanc, ou la *torta al limone*, un gâteau fourré de crème de citron (2,70 € la part au comptoir). Vous y mangerez, également, de très bonnes glaces !

**● 87 • Ischia Ponte • Via Sogliuzzo, 69 • ☎ 081 99 12 70 • www.barcalise.com • T.l.j. 8h-23h.**

couvent des clarisses et son cimetière, la cathédrale de l'Assunta, plusieurs églises et même une prison.

**Ischia Ponte • Bus n° 7 au départ d'Ischia Porto • ☎ 081 99 28 34 • www.castelloaragoneseischia.com • T.l.j. de 9h au coucher du soleil • Entrée : 10 €.**

## ❷ LES THERMES DE POSÉIDON★★

La nature volcanique de l'île en a fait le royaume des cures thermales. L'établissement des thermes de Poséidon offre, dans un parc de 70 000 m², 21 piscines à toutes les températures, des plus froides (15 °C) aux plus chaudes (40 °C), des hydromassages, un Jacuzzi et un sauna nature. Réservez sur place pour les massages.

**Forio d'Ischia • Via Giovanni Mazella • ☎ 081 908 71 11 • www.giardiniposeidonterme.com • Avr.-oct. : t.l.j. 9h-19h • Entrée 1 journée : 33 € (35 € en août) • Entrée après-midi : 28 € (30 € en août).**

## ❸ LE TOUR DE L'ÎLE★

Il est possible de faire le tour de l'île en bus. L'itinéraire est un enchantement. Ce circuit de 2h environ s'accomplit en deux étapes. Prenez le bus (CS) à Ischia Porto et descendez au terminus. Là, une route permet

### *L'Amie prodigieuse*, phénomène littéraire italien

Cette saga en quatre volumes brosse le portrait de deux femmes, Lila et Elena, et de toute une génération italienne. Nées dans un quartier défavorisé de Naples, elles vont connaître joies, trahisons et amour dans la ville de leur enfance, mais aussi à Ischia lors d'un été qui transformera leur vie… Personne ne sait qui est vraiment Elena Ferrante, l'auteure de ce phénomène littéraire. Le mystère ajoute à son charme…

Sant'Angelo, Ischia

de rejoindre **Sant'Angelo.** Ce petit village de pêcheurs aux maisons de toutes les couleurs, situé à la pointe sud, est l'un des endroits les plus romantiques de l'île. Après vous être restauré et baigné, vous pourrez entreprendre la seconde partie du voyage, qui vous ramènera au départ.

# PROCIDA

## ❹ MARINA GRANDE*

Depuis le ferry en provenance de Naples ou de Pozzuoli, on découvre avec bonheur le port coloré de Marina Grande. En sautant du bateau, on se faufile derrière l'église jaune de Santa Maria della Pietà et on s'immerge dans l'ambiance indolente des ruelles qui partent à l'assaut de la colline. Pensez à faire des provisions, car on ne trouve pas grand-chose dans le reste de l'île, surtout hors saison.

## ❺ MARINA DI CORRICELLA***

Étagée sur une falaise dominant un port aux eaux tranquilles, la marina de Corricella a tout du mirage, avec sa centaine de petites maisons aux couleurs flashy. Nombre de ces constructions à

### Pause pour l'*aperitivo* à Dal Cavaliere

Ce grand bar-pâtisserie est une étape incontournable sur les quais de Marina Grande, face aux murs jaunes de Santa Maria della Pietà. Sa terrasse est idéale pour faire une pause avant de reprendre le bateau ou pour un *aperitivo* au soleil couchant. Bons cocktails maison, comme le *tramonto procidano*, un genre de spritz allongé de jus de mandarine locale... Goûtez la *lingua di Procida* (ou *di bue*), la pâtisserie locale : c'est une pâte feuilletée fourrée de crème de citron et recouverte de sucre. Concerts en été.

**● 88 • Via Roma, 42, Marina Grande, Procida • ☎ 081 810 10 74 • T.l.j. 6h30-1h • Cocktails : 6-10 €.**

coupole étaient à l'origine des abris destinés à entreposer les bateaux durant l'hiver. Remaniés, transformés et agrandis, ils sont devenus de petites habitations. Sur le quai au bord de l'eau, les terrasses jouent à touche-touche. Déjeuner chez Caracalè constitue un moment délicieux (p. 143), qui peut être prolongé par une baignade sur la plage de sable noir de **Chiaia,** à seulement 10 minutes de marche vers le sud.

## ❻ TERRA MURATA ET L'ABBAZIA DI SAN MICHELE ARCANGELO★★

Situé juste au-dessus de la marina de Corricella (vue extraordinaire), le bourg fortifié d'origine médiévale de Terra Murata domine l'ensemble de l'île de Procida. Ses ruelles étroites et sinueuses, à l'abri du soleil, conduisent à l'**abbaye de San Michele,** datant du XIIIe s. Depuis la terrasse panoramique, vous profiterez d'un magnifique point de vue sur le golfe de Naples.

Lun. apr.-m.-sam. 10h-12h45 et 15h-17h • Pour la visite (en français), contactez l'association Millenium : ☎ 334 851 40 28 (mob.).

## ❼ MARINA DI CHIAIOLELLA★★

Au sud-ouest de l'île, la marina di Chiaiolella prend des airs de petite station balnéaire. La rue principale est bordée de maisons villageoises et ponctuée de venelles transversales, qui mènent à une longue plage de sable clair. Bien exposée aux vents et donc agréable même en cas de canicule, elle jouit d'une superbe vue sur l'île d'Ischia. La partie la plus proche du petit port de plaisance est occupée par des établissements balnéaires, pendant que la partie plus au nord est restée incroyablement sauvage.

Marina di Corricella, Procida

# 14 Capri

● Restos & bistrots p. 144 ● Bars, clubs & sorties p. 171 ● Boutiques p. 198

## COMMENT Y ALLER ? VOIR CARNET PRATIQUE P. 207

**Capri est l'essence même de la Méditerranée : grappes roses de bougainvillées, pins parasols et falaises blanches tombant abruptement dans une mer turquoise. Les charmantes ruelles de Capri, très branchées et noires de monde en été, contrastent avec le calme d'Anacapri, plus authentique. Pour apprécier pleinement la beauté de l'île, à l'écart de la foule, il faut voir Capri au printemps ou à l'automne, et s'éloigner des sentiers battus.**

### ❶ LA PIAZZETTA*

Située à l'arrivée du funiculaire qui part de Marina Grande, la Piazzetta est au centre du village et de la vie de l'île. On commente les événements mondains aux terrasses de café, surpeuplées de nuit comme de jour. C'est aussi le point de départ de tous les itinéraires : vers les magasins de luxe de la via Camerelle ou vers la découverte de l'île secrète, aux couleurs de *l'Odyssée*.

### Pause *torta caprese* chez Buonocore

Une cuisinière aux mains d'or aurait préparé ce gâteau pour les officiers de Napoléon lors de la campagne de Russie. La *torta caprese* (4 € la part) n'a l'air de rien avec sa sobre couleur chocolat adoucie par le sucre qui la recouvre. Elle cache pourtant, dans un intérieur moelleux, toute la tradition méditerranéenne de la pâte d'amandes, mariée au cacao venu du Nouveau Monde. C'est chez le pâtissier-glacier Buonocore qu'il faut absolument la déguster.

**● 92 • Via Vittorio Emanuele, 35 • ☎ 081 837 78 26 • Mars-juin et oct. : mer.-lun. 8h-22h30 ; juil.-sept. : t.l.j. 8h-2h.**

## ❷ LES BAINS DE MER**

Les amateurs de plages de sable fin doivent se faire une raison : la nature de l'île invite plutôt au plongeon entre les rochers. Pour lézarder confortablement, rendez-vous dans les établissements balnéaires (payants) qui fleurissent à la belle saison : **La Fontelina** vers les rochers de Faraglioni, **Lido del Faro** au phare, ou ceux de **Marina Piccola.** Les places sont chères dans tous les sens du terme : allez-y de bonne heure ou réservez votre parasol la veille.

## ❸ MONTE SOLARO**

À 589 m d'altitude, le Monte Solaro est le point de vue panoramique de

La Piazzetta

l'île. On peut s'y rendre en 13 min avec le télésiège depuis Anacapri, ou bien à pied (environ 1h-1h30 de marche). Bar et chaises longues vous accueilleront au sommet.
Anacapri • ☎ 081 837 14 28 • Mars-oct. : t.l.j. 9h30-17h ; nov.-fév. : t.l.j. 9h30-15h30 • Accès télésiège payant : 9 € l'aller simple ; 12 € A/R.

## ❹ GROTTA AZZURRA*

**Grotte bleue**
C'est l'un des musts de Capri. Ses eaux turquoise, d'une clarté stupéfiante et réellement magique, attirent des centaines de touristes par jour en haute saison. Attention, vous ne passerez qu'environ 5 minutes dans la grotte.
**Accès depuis Anacapri :** bus, taxi ou marche (50 min). Des barques prennent en charge les visiteurs à l'entrée de la grotte (entrée : 14 €)
**Accès depuis Marina Grande :** des bateaux partent du petit môle du port (excursion de 2h, env. 15 € + 14 € pour entrer dans la grotte sur de plus petites embarcations) • T.l.j. 9h-17h (f. en hiver et jours de tempête).

Villa San Michele

## 5 VILLA SAN MICHELE★★★

Cette splendide construction porte la marque de la forte personnalité de son propriétaire, Axel Munthe, écrivain et médecin suédois. La villa abrite d'intéressants témoignages archéologiques, et son jardin tout en terrasses et en pergolas est d'un romantisme exquis.

**Anacapri • Viale A. Munthe, 34 • ☎ 081 837 14 01 • www.villasanmichele.eu • T.l.j. nov.-fév. : 9h-15h30 ; avr. et oct. : 9h-17h ; mars : 9h-16h30 ; mai-sept. : 9h-18h • Entrée : 8 €.**

## 6 VILLA JOVIS★★★

La villa de l'empereur Tibère, dédiée à Jupiter, jouit d'une vue imprenable sur la péninsule de Sorrento. Au milieu des jardins étagés, vous découvrirez les grandes citernes au centre, le quartier de la Cour, celui des esclaves, les thermes et la salle des audiences. Du « saut de Tibère », un à-pic de 330 m, auraient été jetées à la mer les victimes de l'empereur.

**Via A. Maiuri • ☎ 081 837 06 34 • Été : mer.-lun. 10h-18h • Hiver : mer.-lun. 10h-14h (f. janv.-fév.) • Entrée : 6 €.**

## 7 FARAGLIONI★★★

Les Faraglioni sont les trois rochers mythiques de Capri. C'est sur le dernier, appelé « Scopolo », que vit le lézard bleu qui perd ses couleurs lorsqu'il s'éloigne du lieu. Découvrez par la via Matermania l'arc naturel percé dans la roche par l'érosion, et la villa de Malaparte, immortalisée par Jean-Luc Godard dans le film *Le Mépris*. La promenade, à travers des paysages inchangés depuis Homère, peut s'achever par une baignade dans un décor idyllique.

Faraglioni

# 15 Sorrento

● Restos & bistrots p. 145 ● Bars, clubs & sorties p. 173 ● Boutiques p. 198

## COMMENT Y ALLER ? VOIR CARNET PRATIQUE P. 208

**La ville de Sorrento, qui a donné son nom à la péninsule voisine, est une station balnéaire légendaire. Les Romains appréciaient déjà la douceur de son climat ; par la suite, elle fut célébrée par tous les voyageurs réalisant le « Grand Tour », avant de devenir un repaire de la jet-set. Très touristique la journée, Sorrento retrouve un peu de sa quiétude le soir venu, et invite à découvrir sa gastronomie et son artisanat.**

## ❶ DUOMO★★

La cathédrale de style roman date du début du XVe s., mais sa façade a été complètement transformée en 1924. À l'intérieur, on découvre des toiles de l'école napolitaine du XVIIIe s., le trône de l'archevêque en

marbre (1573), une jolie crèche et quelques éléments en marqueterie de Sorrento. Le campanile coloré, détaché du Duomo, est surmonté d'une énorme horloge en céramique polychrome, œuvre d'artisans locaux. Un peu plus bas, en descendant la petite via Giuliani, le **Sedil Dominova** servait de lieu de rencontre aux nobles de la cité : il séduit avec sa coupole de majolique et son élégante loggia peinte de fresques en trompe-l'œil.
Via Santa Maria della Pietà, 44, Corso Italia • ☎ 081 878 22 48 • www.cattedralesorrento.it • T.l.j. 8h-12h et 16h-20h • Accès libre.

## ❷ VILLA FIORENTINO*

Cette jolie villa des années 1930 de style Liberty propose de belles expositions, des spectacles et des concerts. Le jardin, planté d'orangers, de cactus et d'essences locales, est un havre de paix. Prenez le temps de vous y promener et de découvrir la petite **ferme sorrentine** tout au fond.
Corso Italia, 53 • ☎ 081 878 22 84 • www.fondazionesorrento.com/it/public-pagine-villa_fiorentino.php • T.l.j. 10h-13h et 16h-20h • La villa ne se visite que s'il y a des expos.

## ❸ MUSEOBOTTEGA DELLA TARSIALIGNEA**

**Musée-boutique de la marqueterie**
Depuis 1986, le designer Alessandro Fiorentino rassemble, dans ce palais du XVIII^e s., les plus belles œuvres de la marqueterie de Sorrento, prisée

Sedil Dominova

## Pause au calme chez Artis Domus

Dans un ancien palais, un superbe jardin avec transats, poufs colorés, balancelles et même piscine vous accueille pour un moment à l'abri de la foule et du bruit. Au choix, un déjeuner sur le pouce ou un verre frais à l'ombre des citronniers et des orangers.

**● 98 • Via Fuoro, 85 • ☎ 081 877 06 70 • www.artisdomusrelais.com • T.l.j. 11h-15h et 18h30-23h • Pizzas : 11-12 €.**

de toute l'Europe jusqu'au début du XXe s. Lits, consoles, boîtes à bijoux, cadres ou paravents, les réalisations sont ébouriffantes de prouesse technique et de beauté. À découvrir en français, en compagnie du maître des lieux (supplément de 8 € min. ; min. 15 pers.).

**Palazzo Pomarici Santomasi, via San Nicola, 28 • ☎ 081 877 19 42 • www.alessandrofiorentinocollection.it • Avr.-oct. : t.l.j. 10h-18h30 ; nov.-mars : t.l.j. 10h-17h30 • Entrée : 8 €.**

## ❹ AGRUMINATO★★

### Le jardin d'agrumes

Ce magnifique jardin peuplé de citronniers et d'orangers a été acquis dans les années 1960 par les autorités locales afin de le sauver de la spéculation immobilière. On y récolte les agrumes pour les transformer en liqueurs, confitures ou confiseries. Il est possible de le visiter, et tout au fond se trouve un petit bar-boutique, **I Giardini di Cataldo,** qui offre l'un des meilleurs limoncello de la côte (11 € les 50 cl, 15 € les 70 cl et 18 € les 100 cl).

**Corso Italia, 267 • ☎ 081 878 18 88 • www.igiardinidicataldo.it • 1er avril-30 sept. : t.l.j. 10h-21h ; 1er oct.-30 mars : t.l.j. 10h-16h30 • Visite guidée avec dégustation : 10 €.**

## ❺ MUSEO CORREALE DI TERRANOVA★★★

Donation des frères Alfredo et Pompeo Correale, comtes de Terranova et derniers descendants d'une antique famille sorrentine, le Museo Correale de Sorrento est installé dans un palais du XVIIIe s. On y découvre de magnifiques marqueteries de Sorrento, des marbres grecs et romains ainsi qu'une belle collection de tableaux de l'école napolitaine. Après la visite, vous pourrez admirer le jardin planté de fleurs et de citronniers et profiter d'une vue à couper le souffle depuis la terrasse-belvédère.

### La marqueterie sorrentine

Dans la salle 2, au rez-de-chaussée, sont rassemblés des meubles marquetés d'une extraordinaire finesse. Le secrétaire réalisé en 1910 par Giuseppe Gargiulo, maître ébéniste de Sorrento, est un chef-d'œuvre de complexité. Il fait office d'écritoire avec pupitre, de coiffeuse, de boîte à couture et d'échiquier.

## Les sections archéologiques et médiévales

Parmi les pièces archéologiques les plus intéressantes, il faut signaler la base d'Auguste (salle 3), piédestal en marbre datant du Ier s. apr. J.-C. et décoré de motifs grecs destinés à célébrer le culte de l'empereur. Des statues, du matériel provenant des nécropoles, des céramiques attiques et campaniennes, des sarcophages, des chapiteaux corinthiens ou ioniques (salle 5) et des inscriptions lapidaires complètent la visite. Provenant en majorité de l'ancienne cathédrale de Sorrento, des reliefs en marbre (salles 4 et 5) représentant des animaux exotiques s'inspirent de l'art perse.

## Le *biribisso*

Le jeu du *biribisso* (salle 12), qui pouvait occasionner d'énormes gains, était très répandu en Italie dès le XVIe s. et touchait toutes les classes sociales. Sa nature pour le moins hasardeuse et la frénésie qu'il déchaînait le firent proscrire à partir de 1735, ce qui n'empêcha personne de continuer à jouer clandestinement. La table de jeu

Museo Correale di Terranova

est divisée en 60 petites cases numérotées représentant des natures mortes, des animaux, des blasons et des masques de la commedia dell'arte.

### Faïences et porcelaines

Le 3e étage accueille une superbe collection de porcelaines européennes, chinoises et japonaises et de faïences italiennes du XVIIIe s., qui constitue une véritable anthologie de la production des manufactures de l'époque.

**Via Correale, 50 • ☎ 081 878 18 46 • www.museocorreale.it • Avr.-oct. : mar.-sam. 9h30-18h30, dim. et j.f. 9h30-13h30 ; nov.-mars : mar.-dim. 9h30-13h30 • Entrée : 8 €.**

## ❻ CHIOSTRO DI SAN FRANCESCO**

Juste avant la Villa Comunale, ce délicieux cloître du XIIIe s. renferme un jardin planté d'hortensias et de bougainvillées. Sur deux côtés, les arcs brisés de style oriental ne sont pas sans rappeler ceux du cloître du paradis, dans le Duomo d'Amalfi. Dans les étages, on découvre quelques objets en marqueterie, une curieuse collection d'instruments anciens et également des expos de photo. Des concerts ont également lieu dans le jardin du cloître.

**Piazza San Francesco, 8-9 • T.l.j. 8h30-12h30 et 16h30-20h • Accès libre.**

Lido Sant'Agnello

## ❼ VILLA COMUNALE*

Ce petit jardin paré de rosiers, de palmiers et de lauriers offre une vue inoubliable sur la côte sorrentine et le Vésuve. En contrebas, **Marina Piccola,** son port et sa plage de sable gris investie par les chaises longues et les parasols. Des marches vous y conduisent, mais il y a aussi l'ascenseur (aller 1 €, A/R 1,80 €).

**Juin-août : t.l.j. 7h30-23h ; sept.-mai : t.l.j. 9h-20h • Accès libre.**

## ❽ MARINA GRANDE**

Une agréable balade (10 min aller) vous mènera de Sorrento à Marina Grande. Partez de la **piazza della Vittoria,** dont la jolie balustrade blanche donne sur le golfe. Continuez par la **via Marina Grande** qui longe de fabuleux jardins jusqu'à la porte grecque, qui marquait l'entrée de l'antique Sorrento. Après une série de marches, vous arriverez à Marina Grande, petit village de pêcheurs pittoresque. Les bars, restaurants et boutiques qui s'y trouvent en font un endroit très animé.

## ❾ BAGNI DELLA REGINA GIOVANNA**

De la piazza Tasso, on peut prendre un bus jusqu'à **Capo di Sorrento**. Là, une route descend jusqu'à la côte. Les Bagni della Regina Giovanna, piscine naturelle à ciel ouvert, de forme triangulaire, se trouvent au bout du promontoire rocheux. Juste à côté, les **vestiges de la Villa di Pollio Felice.**

## ❿ LIDO DI MARINELLA*

Envie de vous baigner ? Préférez ce lido familial de Sant'Agnello. Installé dans une jolie crique à laquelle on accède par un escalier creusé dans la falaise, il permet aux petits de barboter en toute tranquillité et aux grands de nager depuis sa jetée, avec vue sur le Vésuve. Les équipements très confortables (douches, cabines) justifient le prix d'entrée.

**Piazzetta Marinella, 12, Sant'Agnello • ☎ 081 807 56 74 • À 20 min à pied du Museo Correale de Sorrento, à 3 min en voiture • En saison : 9h-19h • Accès à la plage : 5 € ; accès + transat : 10-15 €.**

# 16 La côte AMALFITAINE

● Restos & bistrots p. 147 ● Bars, clubs & sorties p. 173 ● Boutiques p. 199

## COMMENT Y ALLER ? VOIR CARNET PRATIQUE P. 208

**D'Amalfi à Positano, chaque virage de la route panoramique qui parcourt la côte vous réserve des paysages d'une incomparable beauté. Des falaises tombant à pic dans la mer, des petits villages accrochés aux rochers, une végétation luxuriante aux couleurs méditerranéennes font de cet endroit un paradis...**

### ❶ AMALFI★★★

Établie sur l'une des plus belles côtes du monde, Amalfi possède une riche histoire. Au Moyen Âge, c'était une république maritime puissante et indépendante, qui commerçait volontiers avec l'Orient. Une influence que l'on retrouve aujourd'hui dans son architecture et son atmosphère uniques.

#### Cattedrale di Sant'Andrea (Duomo)

Commencé dès le IXe s. puis remanié en style roman au XIe s., le Duomo s'impose comme l'un des plus beaux édifices religieux de la région. Son escalier majestueux mène droit vers une fastueuse façade, couverte de marbres blanc et noir. Les mosaïques et les arcs en ogive tressés dénotent des influences arabo-byzantines. Le

## Pause gourmande à Amalfi : la Pasticceria Pansa

Elle est tellement évidente, sise au pied du Duomo, avec ses lettres d'or ciselées dans le marbre, qu'on aurait tendance à snober cette pâtisserie. Grave erreur ! Voilà plus de 180 ans que la famille Pansa confectionne ici des pâtisseries devenues la référence de toute la côte amalfitaine. Le dernier-né des Pansa, Andrea, y a ajouté la passion exigeante du chocolat : *scorzette* au citron ou à l'orange (50 € le kilo), praliné, *sfogliatelle*, *pasticciotto* aux amandes (5,50 €), délices au citron, etc. le plaisir est sans fin.

**● 107 • Piazza Duomo, 40 • ☎ 089 87 10 65 • www.pasticceriapansa.it • T.l.j. 7h30-23h (1h en été).**

**campanile,** surmonté de fenêtres romanes, est coiffé d'une coupole couverte de majolique vert et jaune. À gauche de l'harmonieux **péristyle,** on accède au délicieux **cloître du Paradis,** datant probablement du XIII$^{e}$ s. Ce lieu de sépulture, où une étrange quiétude règne, était réservé à la noblesse amalfitaine, qui pensait s'ouvrir ici les portes du paradis.

Piazza Duomo • Mars-sept. : t.l.j. 9h-18h45 (19h45 juil.-sept.) ; nov.-fév. : t.l.j. 10h-13h et 14h30-16h30 • Entrée : 3 €.

Cattedrale di Sant'Andrea

### Museo della Carta

#### Musée du Papier

Cet ancien moulin du XIII$^{e}$ s. fait vivre la tradition papetière d'Amalfi. Le procédé de fabrication, qui reste artisanal, est inchangé depuis le Moyen Âge. Le blason de la République et le filigrane garantissent l'authenticité de ce papier de qualité, idéal pour votre correspondance.

Via delle Cartiere • ☎ 089 830 45 61 • www.museodellacarta.it • Mars-oct. et fêtes de Noël : t.l.j. 10h-18h30 ; nov.-fév. : mar.-dim. 10h-16h • Entrée : 4,50 €.

Baie d'Amalfi

## ❷ VALLE DELLE FERRIERE★★

Une randonnée magique vous attend dans la valle delle Ferriere (parfois appelée « valle dei Mulini »). Vous suivrez un sentier bien balisé qui traverse tout d'abord des plantations de citronniers, puis chemine le long d'un torrent rafraîchissant. La végétation, d'une folle densité, prend alors des airs de jungle tropicale. De nombreuses ruines émaillent le parcours, **vestiges des dizaines de moulins** qui étaient installés ici pour produire le célèbre papier d'Amalfi. Après environ 45 min de marche, vous arriverez à une jolie chute d'eau. Les plus courageux pourront continuer jusqu'à Pontone (comptez 3h env., retour possible en bus).
**Départ depuis le Museo della Carta, en remontant la rue vers la montagne, puis parcours fléché.**

## ❸ ATRANI★★★

On accède au village d'Atrani par sa splendide route en corniche, aménagée en 1840. Perdez-vous dans ses ruelles aux couleurs blanc et vert, qui évoquent la médina orientale : passages voûtés, placettes oubliées, senteurs de jasmin et de bougainvillées, etc. La **cathédrale,** perchée en haut d'un promontoire qui s'avance dans la mer, exhibe un superbe dôme couvert de majolique. Montez jusqu'à la petite terrasse devant l'édifice, on y jouit d'une vue magnifique sur la *costiera.*
**Depuis Amalfi, empruntez le souterrain qui mène au parking, puis continuez à gauche le long de la mer. Autre solution, passez par le haut d'Amalfi.**

## ❹ RAVELLO★★★

On rejoint le village perché de Ravello par une route

panoramique qui monte en lacet depuis Amalfi. Longtemps associée à cette dernière, la cité a connu son heure de gloire au XIIIe s., se dotant de prestigieux monuments aux influences orientales. Le **Duomo,** bâti entre le Xe et le XIe s., est emblématique de cet âge d'or : sa précieuse porte en bronze ouvre sur une étonnante chaire, posée sur des lions sculptés. Ses colonnes torsadées sont incrustées de mosaïques dorées, représentant divers animaux.

**À 4,5 km d'Amalfi par la SS163, dir. Positano.**

## Les villas de Ravello

Autres incontournables de Ravello, ses villas de rêve : deux peuvent se visiter. La **Villa Rufolo,** qui possède un foisonnant jardin tropical, est constituée autour de ruines médiévales. Elle inspira à Richard Wagner son opéra *Parsifal.* La **Villa Cimbrone,** perchée sur les hauteurs, étend ses sublimes jardins peuplés de statues antiques à plus de 300 m au-dessus de la mer. L'endroit rêvé pour admirer la beauté incomparable de la côte amalfitaine.

Ravello

**Villa Rufolo :** piazza Duomo • http://villarufolo.com • T.l.j. 9h-17h (21h en été ; billetterie f. 30 min avt la fermeture) • Entrée : 7 € **Villa Cimbrone :** via Santa Chiara, 26 • www.hotelvillacimbrone.com/gardens • T.l.j. 9h-coucher du soleil • Entrée : 7 €.

## ❺ GROTTA DELLO SMERALDO★★

**Grotte d'Émeraude**

À 4,5 km d'Amalfi, entre Conca dei Marini et Praiano, se trouve l'un des joyaux de la côte. C'est une grotte naturelle aux dimensions impressionnantes. La lumière y pénètre par une galerie qui se trouve en dessous du niveau de la mer. Elle donne à l'eau cette couleur particulière ; et à la grotte, son nom. Le spectacle des stalactites et des stalagmites se reflétant à la surface est merveilleux.

À 4,5 km d'Amalfi par la SS163, dir. Positano • ☎ 089 87 11 07 (office de tourisme d'Amalfi) • T.l.j. : mars-sept. 9h-16h et oct.-fév. 9h-15h • Desservi par le bus Sita « Costiera » (p. 208) • Entrée : 5 €.

Fiordo di Furore

## ❻ FIORDO DI FURORE★★

L'un des plus beaux endroits pour se baigner sur la côte amalfitaine ! Depuis le pont qui enjambe un profond ravin, on descend une poignée de marches vers la grève, où se blottissent quelques maisons de pêcheurs. Le bleu émeraude de la mer, rehaussé par de hautes parois ocre, invite à la baignade. La faune et la flore locales, d'une grande richesse, sont protégées.

À 6 km d'Amalfi par la SS163, dir. Positano • Accès très compliqué en voiture, privilégiez le bus Sita « Costiera » (p. 208).

## ❼ PRAIANO★★

Moins connu que Positano ou Amalfi, le petit village de Praiano, accroché à sa falaise, mérite bien un arrêt. Au pied de l'**église San Gennaro,** dont le dôme est revêtu de majolique, une vaste place permet d'admirer la côte, de Positano jusqu'à Capri. Si vous descendez les ruelles envahies par les fleurs, vous trouverez au bout d'un escalier vertigineux la petite **cale de la Gavitella,** où on peut se baigner. Les couchers de soleil y sont légendaires...

À 11 km d'Amalfi par la SS163, dir. Positano • Accès compliqué en voiture, le village ne disposant que de très peu de places de parking. Privilégiez le bus Sita « Costiera » (p. 208).

## 8 POSITANO★★★

Avec ses maisons dévalant la pente abrupte jusqu'à la mer, Positano ressemble à une crèche. Cet ancien village de pêcheurs est devenu une station balnéaire, célèbre dans le monde entier.

Les escaliers et les ruelles, entre les jardins et les terrasses suspendues, conduisent aux plages : celle de **Marina Grande,** la principale, est animée à toute heure et bordée de restaurants et commerces ; celle de **Fornillo,** plus sauvage, est veillée par deux anciennes tours de guet. Aux abords de **Santa Maria Assunta,** une nuée de boutiques vendent vêtements bariolés et sandales artisanales.

À 19 km d'Amalfi par la SS163 • Pour vous garer, trouvez une place le long de la route ou stationnez dans un parking payant (très cher). Le plus simple est de venir par le bus Sita « Costiera » (p. 208).

Positano

# Restos & bistrots

# PAR QUARTIER

# À SAVOIR

## LA CUISINE

Naples est une escale gastronomique incontournable. La pizza napolitaine, entrée en décembre 2017 au patrimoine mondial de l'Unesco, est divine, et la *margherita* (à la faveur des Napolitains. L'association **Vera Pizza Napoletana** (p. 151) regroupe

Il Miracolo dei Pesci

des adresses respectant des règles strictes, identifiables à leur enseigne vert, blanc et rouge. Parmi les plats typiques on trouve la *pasta e fagioli*, avec haricots blancs, ou la *carne al ragù*, plat de viande mijotée. Côté sucré, les délices abondent : baba et *sfogliatelle* notamment.

## HORAIRES

Rythme méditerranéen oblige, **les Napolitains déjeunent entre 13h30 et 14h30 et dînent vers 21h-22h,** mais il est toujours possible de se faire servir plus tôt dans les pizzerias et trattorias. Les vendredis et samedis soir, mieux vaut d'ailleurs anticiper sur ces horaires pour éviter l'attente, les réservations n'étant pas fréquentes. Nombreux sont les restaurants fermés le dimanche et en août.

## PRIX/BUDGET

Côté prix, on peut manger une pizza et une boisson pour 8 € ou débourser 20 € pour un repas à la carte dans une trattoria. Dans les restaurants de la côte, spécialistes du poisson, comptez 50 € par personne. Selon les adresses, il faudra parfois ajouter entre 1,50 et 4 € pour **le pain et le couvert.** Il n'y a pas vraiment de règle pour **le pourboire,** mais il sera toujours accepté volontiers.

## SE REPÉRER

Chaque adresse de restaurant est associée à une pastille orange numérotée.
Vous retrouverez toutes les adresses positionnées sur le plan détachable.

# LES COUPS DE CŒUR de notre auteur

**Si la pizza est incontournable, ne passez pas à côté des autres spécialités locales : *pasta e ceci*, *genovese* ou *ragú* se savourent dans les petites *osterie* familiales. Quant aux poissons et autres produits de la mer, on les trouve sur les terrasses de la côte et des îles.**

## 50 KALÒ DI CIRO SALVO

Cette délicieuse pizzeria moderne mise sur la qualité de ses produits, une pizza inoubliable.
Voir p. 75.

## CASA TUA AL DUOMO

Du poisson extra-frais, une cuisine qui mijote pendant des heures : cette *Casa* est devenue mienne.
Voir p. 118.

50 Kalò di Ciro Salvo

Leopoldo Infante

## LEOPOLDO INFANTE

Il m'a suffi de goûter une fois aux *taralli caldi* de Leopoldo Infante pour devenir accro. Voir p. 125.

## DA ATTILIO

Une pizzeria populaire, qui sert une *margherita* inoubliable. Voir p. 130.

## OSTERIA DELLA MATTONELLA

Cette *osteria* familiale m'a régalé de ses spécialités napolitaines : *genovese, polpette, ragù,* etc. Voir p. 133.

## BILANCIONE

Les meilleures glaces de Naples se dégustent ici ! Mon coup de cœur ? Le sorbet au citron de Sorrento... Voir p. 139.

## TERRAZZA MARZIALE

Une terrasse perchée à Sorrento, un chef inspiré et une nuit étoilée. Que demander de plus ? Voir p. 145.

Osteria della Mattonella

## LE QUARTIER DU DUOMO Quartier 1 - p. 24

### CASA TUA AL DUOMO ♥

**Poisson** ① Plan I7

Une petite trattoria du quartier populaire du Duomo, qui cache bien son jeu. Dès l'entrée, on est accueilli par un généreux banc de poissons ultra-frais et on comprend que l'on va se régaler. Poulpe, daurade, homard, huîtres, bar, etc. Andrea, le jovial maître de salle, saura vous conseiller. Mais là n'est pas le seul atout de ce restaurant. En cuisine, le jeune chef Antonio Potenza revisite les grands classiques napolitains avec une parfaite maîtrise : sa *genovese*, sauce constituée de tomates, oignon et bœuf, cuite pendant... 7h ! Les délicieux pains et *bruschette* sont tous réalisés dans le four à pizza.
Via dei Cimbri, 5/7/9 • M° Porta Nolana ou Garibaldi • ☎ 081 1881 40 79 • Facebook : casatuaalduomo • T.l.j. 11h-15h30 et 19h-minuit • Antipasti : 7-14 € ; *primi* : 8-12 € ; *secondi* : 10-19 €.

### MIMÌ ALLA FERROVIA

**Tradition** ② Plan F2

Ce « temple de la cuisine napolitaine », qui a été joliment restauré, est réputé pour son immense cortège de hors-d'œuvre (jusqu'à 30 types différents), pour la qualité et la préparation des poissons (en papillote, au four, au sel, à l'*acqua pazza*) et, bien sûr, pour sa spécialité, les *ravioli ripieni alla spigola* (loup de mer : 12 €), que vous pouvez accompagner d'un vin de production familiale, le Lettere.
Via A. d'Aragona, 21 • M° Garibaldi • ☎ 081 553 85 25 • www.mimiallaferrovia.it • Lun.-sam. 12h-16h et 19h-23h30 (ouv. dim. déc.-6 janv.) • Repas : env. 35 €.

### VOIR AUSSI :

### DA MICHELE

p. 28 ③ Plan I7

Mimì alla Ferrovia

# LA VIA DEI TRIBUNALI ET SAN LORENZO MAGGIORE

Quartier 2 - p. 30

## TRATTORIA LA CAMPAGNOLA

***Trattoria*** ④ Plan H7

Cette adresse se classe parmi les valeurs sûres du quartier. Carte solide et variée où poissons et fruits de mer côtoient risotto aux légumes du jardin ou pâtes aux saucisses et brocolis… Les *spaghetti ai frutti di mare* sont réjouissants ! Belle sélection de vins, qui s'affiche sur une grande ardoise. Service très sympathique et un brin désinvolte.

**Via Tribunali, 47 • M° Museo • ☎ 081 45 90 34 • T.l.j. 12h30-16h et 19h30-23h30 (f. mer.) • Antipasti : 4-12 € ; *primi* : 8-12 € ; *secondi* : 5-13 €.**

## I DECUMANI

***Pizzeria*** ⑤ Plan H7

Au cœur de la Naples antique et populaire, celle des santons et des images pieuses, la famille d'Alessio s'évertue, depuis six générations, à prouver chaque jour qu'en matière de pizza l'imagination est sans limites. Parmi les 45 recettes à déguster sur un plateau de marbre, dans la fraîcheur de ses murs épais, la Decumani (10 €) offre un tour des saveurs napolitaines : *friarielli*, aubergine, mozzarella entière, saucisse, ricotta, champignon, poivron, etc.

**Via dei Tribunali, 58 • M° Dante • ☎ 081 557 13 09 • Mar.-dim. 12h-16h30 et 19h-minuit • Pizzas : 6-13 €.**

## DA CARMINE

***Trattoria*** ⑥ Plan H7

Dans un décor assez dépouillé, Adele est aux fourneaux, et le reste de la famille en salle. Les plats sont simples et savoureux : les *gnocchi alla sorrentina* (7 €) et les pâtes fraîches sont tout particulièrement recommandés. Durant la période de Noël et du Mai des monuments, la trattoria ouvre aussi le lundi.

**Via dei Tribunali, 330 • M° Dante • ☎ 081 29 43 83 • Mar. 12h30-15h30, mer.-sam. 12h30-15h30 et 18h-23h, dim. 12h30-15h30 • Repas complet : 15-20 €.**

## CAPPARELLI

***Pâtisserie*** ⑦ Plan H7

Salvatore s'est autoproclamé *il re del babà* : « le roi du baba ». Il est vrai que sa pâtisserie compte parmi les très bonnes adresses de la ville. Sa pâte monte pendant 6h, est trempée dans le sirop, le rhum… et un ingrédient qu'il gardera secret. Baba individuel : 1,20 € ; grand modèle : 1,80 €.

**Via dei Tribunali, 324-325-327 • M° Dante • ☎ 081 45 43 10 • Facebook : S. Capparelli • Mar.-dim. 8h-20h30.**

**VOIR AUSSI :**

## PIZZERIA GINO SORBILLO

***p. 35*** ⑧ Plan H7

# SPACCANAPOLI ET SANTA CHIARA Quartier 3 - p. 36

## MONASTERO RISTOVINO

***Osteria*** ⑨ Plan H8

On se sent vite comme à la maison, installé au coin du feu dans cette petite *osteria* à deux pas de l'église de Santa Chiara. La cuisine est locale et de saison, et les conseils du patron précieux pour un accord mets-vin à tomber. Même les desserts suivent le calendrier, et, si vous venez au carnaval, vous trouverez peut-être les *Zeppole di San Giuseppe*, un régal fourré à la crème.

Via Santa Chiara, 10 D/E • M° Università • ☎ 081 552 18 79 • Mar.-dim. 12h50-00h30 • Plats : à partir de 8 €.

## SALUMERIA UPNEA

***Osteria*** ⑩ Plan H8

À Naples, on ne rigole pas avec le *calcio* (football). Les soirs de match, dans ce petit restaurant, un écran géant diffuse la *partita* à plein volume, tandis que de grandes tables viennent communier devant le spectacle. Si vous voulez vivre l'ambiance napolitaine, joignez-vous à une des tablées et commandez hamburger, salades, planches de fromages mais aussi plusieurs types de mozzarella, tressée, en bouchées, etc. Testez les *freselle con la caprese*, un pain rond typique servi avec tomates fraîches, mozzarella, huile d'olive et basilic.

Via S. Giovanni Maggiore Pignatelli, 34 • M° Università • ☎ 081 193 646 49 • Jeu.-mar. 12h-16h et 19h30-minuit • Grande assiette avec mozzarella : env. 10 €.

## LA CANTINA DI MASANIELLO

***Napolitain*** ⑪ Plan H8

Installé, dit-on, dans les anciennes écuries voûtées de Masaniello, héros napolitain qui défia la puissance espagnole en 1647, ce restaurant propose une cuisine populaire. Des recettes traditionnelles qu'on ne trouve plus ailleurs : pâtes et pommes de terre à la *provola* (fromage local fumé), *minestra maritata* (en décembre), soupe où légumes et viande mijotent des heures durant, spaghettis aux fruits de mer et tant d'autres spécialités napolitaines qui enchantent les papilles !

Via Donnalbina, 28 • M° Dante • ☎ 081 552 88 63 • Lun.-sam. 12h-15h30 et 19h-23h30 (f. 3 dernières semaines d'août) • Menu pizza : 5-15 € ; menu midi : 20 € ; carte : 25 €.

## LA TAVERNA DELL'ARTE

***Bistronomique*** ⑫ Plan H8

Un peu à l'écart du chaos napolitain, La Taverna est un lieu plein de charme. Le mot d'ordre : « La culture gastronomique, pas le folklore. » Cuisines aristocratique et populaire sont unies. Irrésistibles, le soufflé aux oignons, la morue *(baccalà)* avec

# Nos meilleures PIZZAS

**À Naples, la pizza est présente à tous les coins de rue : cuite au feu de bois ou frite, simple ou sophistiquée, elle se déguste toujours sans façons. Certains pizzaïolos ont élevé sa fabrication au rang d'art.**

## DA MICHELE

*Marinara* ou *margherita* ? Un monument de la pizza napolitaine, pour une expérience authentique et délicieuse. Voir p. 28.

## PIZZERIA GINO SORBILLO

La réputation de cette pizzeria, parfois considérée comme la meilleure du monde, n'est plus à faire. Préparez-vous à faire la queue ! Voir p. 35.

## PIZZERIA STARITA

Ambiance napolitaine très animée et pizza aux parfums envoûtants, pour cette pizzeria. C'est une véritable institution à Naples ! Voir p. 126.

## DA ATTILIO

Dans la Naples populaire et gouailleuse, une pizzeria qui régale son monde depuis des lustres. Sa pâte croustillante est tellement légère ! Voir p. 130.

Pizzeria Gino Sorbillo

olives noires, tomates, pignons et raisins secs, et la liqueur au basilic pour passer en douceur vers le dessert : le blanc-manger ! En été, tables sous la pergola.

**Rampe San Giovanni Maggiore, 1/A • M° Dante • ☎ 081 552 75 58 • www.tavernadellarte.it • Lun.-sam. 19h-1h (cuisine ferme à 22h30) • Menus : 25 € • Résa conseillée.**

## LA CHITARRA

***Osteria*** **⑬ Plan H8**

Cachée au milieu d'un escalier, cette *osteria* traditionnelle

Tandem (1)

propose des classiques napolitains simples et savoureux. Cadre assez sobre, dans les tons bleu et blanc, égayé par quelques objets ruraux et une guitare accrochée à un mur. La *baccalà con i ceci* (morue aux pois chiches), les *linguine alla cetarese* (aux anchois frais de Cetara, ville de la côte amalfitaine), les *paccheri allardiati* ou les *polpette* symbolisent bien la cuisine de la maison. Une étape authentique.

**Rampe S. Giovanni Maggiore, 1 • M° Università • ☎ 081 552 91 03 • www.osterialachitarra.it • Lun.-sam. 19h-23h30 • Antipasti : 8 € ; *primi* : 8-10 € ; *secondi* : 9-18 €.**

## TANDEM (1)

***Napolitain*** **⑭ Plan H8**

Envie de pâtes au *ragù* ? Attablez-vous dans l'antre frais et sombre de Tandem, à deux pas de la faculté de lettres. Ici, on prend cette vieille tradition culinaire napolitaine très au sérieux - la sauce tomate au bœuf et au porc mijote 8h, comme il se doit - et avec une bonne dose d'humour. Choisissez vos pâtes parmi la sélection du jour ou optez pour une *scarpetta di ragù* (5 €), un bol de sauce napolitaine où l'on trempe de généreuses tranches de pain, ou encore pour la *tracchia* (porc : 8 €) mijotée dans une sauce *ragù*.

**Via Sedile di Porto, 51 • M° Dante • ☎ 081 192 45 894 • Jeu.-mar. 12h30-16h et 19h-23h30 • Plat du jour : 7,50 € ; *pasta al ragù* : 8-10 €.**

## TANDEM (2)

***Napolitain*** **⑮ Plan H7**

À deux pas de la piazzetta Nilo, c'est l'autre spécialiste du

*ragù* napolitain. Cette cantine populaire avec terrasse est plébiscitée par les étudiants non seulement pour ses petits prix et son délicieux *ragù*, mais aussi pour quelques spécialités que l'autre Tandem n'a pas, à commencer par la *scarpetta di ragù alla ricotta* ou *alla provola* (5 € le petit bol), mais aussi un *ragù* végétarien (5 €).
**Via G. Paladino, 51 • M° Dante • ☎ 081 190 024 68 • T.l.j. 12h30-23h30 • *Pasta al ragù* : 8-10 €.**

## OSTERIA IL GARUM

***Méditerranéen*** ⑯ **Plan G8**

Sur la place Monteoliveto, grouillante de la jeunesse napolitaine, se cache l'une des meilleures adresses de Naples pour découvrir la cuisine méditerranéenne dans une atmosphère intime, idéale pour les dîners romantiques. Nappes blanches et service irréprochable pour une cuisine tout en élégance. Goûtez la mozzarella aux *friarielli* (8 €), le calamar entier fourré aux légumes grillés (14 €) ou les pâtes aux fruits de mer (13 €).
**Piazza Monteoliveto, 2/A • M° Univesità • ☎ 081 542 32 28 ou 336 544 64 52 (mob.) • www.ristoranteilgarum.com • T.l.j. 12h-15h30 et 19h-23h30.**

## LA PASTIERA NAPOLETANA

***Douceurs*** ⑰ **Plan H7**

La *cassata* à la ricotta et aux fruits confits est l'une des spécialités de la maison, tout comme les *amaretti* et les *cannoli* siciliens. Idéal pour faire un cadeau : on ramène ces douceurs dans de très belles boîtes en métal avec la baie de Naples en illustration. Les *cassata* (26 € le kilo) et *pastiera*, produits phares, sont à 24 € le kilo.
**Via Benedetto Croce, 50 • M° Dante • ☎ 081 790 15 15 • www.lapastieranapoletana.com • T.l.j. 10h-19h30.**

## JAMÓN

***Bar à tapas*** ⑱ **Plan H7**

Ce petit bar à tapas, logé dans le soubassement de San Domenico Maggiore, propose une sélection de fromages et de charcuteries italiennes à déguster à l'assiette ou à glisser dans du pain de campagne ou une *fresella*. La carte réunit les meilleurs produits

Jamón

# Nos meilleurs restos DE POISSON

**Naples a beau être au bord de la mer, ses spécialités sont plutôt terriennes. Cela n'empêche aucunement de trouver d'excellentes adresses pour déguster poissons et fruits de mer. Dans les îles, on les sert à peu près partout : poulpe, thon, espadon ou moules figurent parmi les classiques.**

## CASA TUA AL DUOMO

Poisson et fruits de mer ne sont pas forcément chers ! La preuve avec cette délicieuse *osteria* populaire, située à quelques enjambées du Duomo de Naples. Voir p. 118.

## L'ALTRO COCO LOCO

Un magnifique cadre pour une cuisine de haute volée. Poisson et fruits de mer règnent en maîtres, servis avec des pâtes, crus ou frits. Superbe carte des vins. Voir p. 134.

## CARACALÈ

À Procida, quel bonheur de déjeuner sur le port coloré de Marina Corricella ! Chez Caracalè, le poisson sort tout juste de l'eau, le vin blanc est bien frais ; et l'accueil, soigné. Voir p. 143.

## LIDO AZZURRO

Dans la baie d'Amalfi, une terrasse posée sur l'eau et de mythiques *spaghetti alle vongole*, servis du poêlon à l'assiette par une équipe virevoltante.
Voir p. 148.

Caracalè, à Procida

Scimmia Factory

du genre - mortadelle artisanale de Prato (Toscane), *crescenza* (fromage frais au lait cru), jambon San Daniele Doc dall'Ava du Frioul, ou jambon cuit de Contadino - et une sélection de vins de grande qualité (aglianico del vulture : 6,50 € ; verdicchio di matelica : 6 €), le tout à savourer en terrasse devant le spectacle permanent de la place.

**Piazza San Domenico Maggiore, 9 • M° Dante • ☎ 081 420 24 38 ou 335 722 64 05 (mob.) • T.l.j. 10h-2h • Sandwichs : 6,50-9 €.**

## ANHELO CAFFÈ

***Pâtisserie*** ⑲ **Plan H7**

Une création de Luca Ferrari, l'entrepreneur gourmet derrière Jamón (ci-dessus), propose dans un décor contemporain un café maison au mélange unique et une sélection de pâtisseries maison faites sur place avec des propositions véganes.

**Via San Biagio dei Librai, 19 • M° Dante • T.l.j. 7h-17h30.**

## SCIMMIA FACTORY

***Glacier*** ⑳ **Plan H7**

Ce glacier napolitain bouscule les glaces tradi de papa, et c'est tant mieux ! Rassurez-vous, tous les classiques sont là (noisette, pistache, *stracciatella au fior di latte*, etc.), élaborés selon la meilleure tradition artisanale, sans colorant ni méchant conservateur, mais avec une bonne dose de fun : des bâtonnets maison rigolos *(gelati su stecco)*, des yaourts glacés à arroser de Smarties®, de cookies ou de noisettes concassées, et même des glaces et sorbets sans gluten et végétaliens.

**Piazzetta Nilo, 4 • M° Dante • ☎ 392 698 43 15 (mob.) • Lun.-mar. 10h-22h, mer.-dim. 10h-minuit (1h ven.-sam.) • *Cono medio* : 3 €.**

## LEOPOLDO INFANTE ♥

***Douceurs*** ㉑ **Plan H7**

On doit à la *casa* Leopoldo Infante d'avoir mis au goût du jour l'antique tradition du *tarallo*, ce gâteau sec et friable en forme d'anneau dont les origines remontent au XVIIe s. Le grand classique, le préféré des Napolitains, c'est le *'nzogna e pepe*, au saindoux et au poivre, mais il est aussi délicieux aux amandes et à l'huile d'olive ou en version sucrée. Leopoldo a même inventé une glace au *tarallo* ! La maison a d'autres spécialités : les *Roccocò* (sucre et amandes) à déguster avec du vin à Noël, les *Quaresimali* (amandes

entières et fleur d'oranger) pour la période du Carême, ou encore le *Esse Nasprate*, un biscuit recouvert de sucre parfumé au citron ou au chocolat. Autre adresse via Toledo, 8 (G7, M° Toledo, ☎ 081 551 29 09).
**• Via Benedetto Croce, 30/31 • M° Dante • ☎ 081 010 80 27 • www.leopoldoinfante.it • Lun.-jeu. 7h30-21h30, ven.-dim. 7h30-minuit (1h le sam.) • Biscuits : 3 €/100 g.**

**VOIR AUSSI :**

### SCATURCHIO

*p. 39* ㉒ Plan H7

## DE LA PIAZZA BELLINI AU MUSÉE ARCHÉOLOGIQUE Quartier 4 - p. 40

### PIZZERIA STARITA ♥

***Pizzeria*** ㉓ Plan D2

Les Napolitains salivent rien qu'au nom de cette pizzeria située sur les hauteurs du quartier Materdei. En arrivant, on donne son nom à l'accueil puis on se mêle à la foule en attendant d'être appelé via haut-parleurs. Ça vaut le coup : vivante, remplie d'odeurs délicieuses, cette pizzeria où Sophia Loren, qui lors du tournage de *L'oro di Napoli* incarne une pizzaïola adultère, venait déjeuner. Grands classiques et pizzas plus chics (à tester, celle à la truffe), tout est excellent chez Starita.
**Via Materdei, 27/28 • M° Materdei • ☎ 081 557 36 82 • www.pizzeriastarita.it • Mar.-dim. 12h-15h et 19h-minuit • Pizza et boisson : 10-12 €.**

### D'AUSILIO MACELLERIA & BURGER GRILL

***Panini et burgers*** ㉔ Plan G7

Une faim de nuit ? Une envie de manger sur le pouce ? Faites une pause à ce comptoir à panini et burgers vraiment délicieux. Toutes les viandes, qui peuvent aussi être achetées à emporter côté boucherie, sont savamment sélectionnées et préparées : bœuf de race d'Angus ou marchigiana, *pulled pork* fondant, saucisse au couteau, *polpette* frites, etc. Il y a même quelques propositions végétariennes et *contorni* un peu plus « verts ». Personnel jeune et jovial, très accueillant.
**Via Tarsia, 9 • M° Dante ou Montesanto • ☎ 081 790 13 82 • Mar.-sam. 11h-15h et 19h-4h (3h ven.-sam.), dim. 19h-3h • Burgers et *panini* : 4-12 €.**

### LA CANTINA DI VIA SAPIENZA

***Osteria*** ㉕ Plan H6-7

À quelques enjambées du Musée archéologique, l'adresse idéale pour une pause déjeuner authentique et généreuse. Dans un cadre de taverne à l'ancienne, péniblement rafraîchi par des ventilateurs, on déguste une cuisine populaire et locale : *gnocchi alla sorrentina*, *pasta e zucca*, *caponata* à l'anchois, *polpette*, *parmigiana*, etc. Les employés du quartier ne s'y trompent pas, fréquentant assidûment l'endroit.

**Via Sapienza, 40-41 • M° Museo • ☎ 081 45 90 78 • www.cantinadiviasapienza.it • Lun.-sam. 12h-15h • Antipasti : 8 € ; *primi* : 5 € ; *secondi* : 5-7 €.**

## SORRISO INTEGRALE

***Végétarien*** ㉖ **Plan G-H7**

Dans l'univers impitoyable de la pizza et de la charcuterie, cette halte végétarienne, végétalienne et végane de la place Bellini a de quoi redonner le sourire. Tapi au fond d'une cour, on y déguste légumes, céréales et fromages (plats : 5-10 €). Le plat unique est superbe : soupe du jour, poêlée de carottes et de pommes de terre, salade de pommes et poivrons farcis. Pour les aficionados, pâtes et risotto à la fleur de citrouille, le tout arrosé de vins bio (goûtez au sangiovese bio, 10 € la bouteille).

**Vico San Pietro a Maiella, 6 • M° Dante • ☎ 081 45 50 26 • www.sorrisointegrale.com • T.l.j. 12h45-16h et 19h30-minuit.**

## LA STANZA DEL GUSTO

***Napolitain*** ㉗ **Plan G7**

Créativité et passion sont les deux credo de Mario Avallone,

La Stanza del Gusto

le chef de ce restaurant, qui réinvente avec fantaisie des recettes traditionnelles pour le plus grand bonheur d'une clientèle d'habitués et de connaisseurs. Deux menus qui changent chaque soir, accompagnés de vins de provenances diverses sélectionnés par le chef. Une table hors du commun !

**Via Santa Maria di Costantinopoli, 100 • M° Museo ou Dante • ☎ 081 40 15 78 • www.lastanzadelgusto.com • Avr.-sept. : lun. 12h-16h, mar.-sam. 12h-16h et 19h-23h ; oct.-mars : lun. 19h-23h, mar.-sam. 12h-16h et 19h-23h, dim. 12h-16h • Mieux vaut appeler avant de s'y rendre • À la carte : 15-50 €/pers.**

### VOIR AUSSI :

## IL BELLINI

***p. 41*** ㉘ **Plan G7**

## RIONE SANITÀ ET LE CAPODIMONTE Quartier 5 - p. 44

**VOIR LA PAUSE :**

### LA CANTINA DEL GALLO

*p. 45* (29) Plan D2

## LE CENTRE MONUMENTAL Quartier 6 - p. 50

### TRATTORIA SAN FERDINANDO

***Napolitain*** (30) Plan D4

Dans l'une de ces ruelles escarpées qui s'accrochent à la colline Sant'Elmo, la Trattoria San Ferdinando est l'une des adresses préférées des Napolitains amoureux de cuisine traditionnelle : filets de poisson grillés aux agrumes, pâtes aux haricots, *tufoli* à la seiche, *paccheri* aux palourdes ou boulettes de viande à la tomate... Le chef offre une cuisine populaire, délicate et délicieuse.

Via Nardones, 117 • M° Toledo • ☎ 081 42 19 64 • Lun. et sam. 12h30-15h30, mar.-ven. 12h30-15h30 et 19h30-23h • *Primi* : 7-12 € ; *secondi* : 8,50-20 €.

Trattoria San Ferdinando

### POPPIPÒ

***Pizzeria*** (31) Plan D4

On opte pour la grande salle claire ou pour le beau patio arboré derrière la piazza Plebiscito. Pizzas parfaites, croustillantes et savoureuses à souhait (5-8 €). À la carte également, de belles pâtes maison, viandes et poissons grillés. Délicieux antipasti de la mer. Accueil charmant.

Via G. Serra, 20/21 • M° Toledo • ☎ 081 764 91 72 • T.l.j. 12h30-15h30 et 19h-minuit.

### PIZZERIA BRANDI

***Pizzeria*** (32) Plan D4

À deux pas de la via Chiaia, la pizzeria de la famille Pagnani s'est rendue célèbre dans le monde entier pour le baptême de la plus appréciée des pizzas, la *margherita*, en 1889, en l'honneur de Marguerite de Savoie. La mythique pizza (7,50 €) est célèbre aussi pour la finesse de ses bords, sa cuisson toujours réussie... Pas étonnant que l'endroit ait attiré des hôtes aussi illustres que feu Luciano Pavarotti, Gérard Depardieu... et Chelsea Clinton. Difficile d'obtenir la petite table face au balcon, ou l'une des six tables à l'extérieur.

**Salita Sant'Anna di Palazzo, 1 • M° Toledo • ☎ 081 41 69 28 • www.brandi.it • Mar.-dim. 12h30-15h30 et 19h30-minuit.**

## IL POMODORINO

***Pizzeria*** ㉝ **Plan D4**

Cette adresse au décor moderne offre un large choix de savoureuses pizzas à petits prix (à partir de 4 €), pâtes et grandes salades ultra-fraîches. Parfait pour manger sur le pouce avant d'aller au Teatro San Carlo voisin.

**Via San Carlo, 27/31 • M° Toledo • ☎ 081 252 00 72 • Facebook : Il Pomodorino San Carlo di Claudio e Manuel • T.l.j. 12h-16h et 19h-1h • À la carte : 15-20 €/pers.**

## IL VERO BAR DEL PROFESSORE

***Café*** ㉞ **Plan D4**

Sur cette place effervescente, découvrez le café du célèbre Raffaele Ferreri, parti à plus de 70 ans chercher au Brésil les grains dont il rêvait. Le café du professeur était né. Goûtez la spécialité, le *nocciolato* (2,50 € au bar), un délicieux mélange de café sucré, de concentré de noisette et de crème de café montée et onctueuse, le tout chauffé à la vapeur... Une merveille à accompagner d'une *sfogliatella* chaude à la ricotta ou à la pâte d'amandes (2 € au bar). Une pause douceur à ne manquer sous aucun prétexte !

**Piazza Trieste e Trento, 46 • M° Toledo • ☎ 081 40 30 41 • www.ilverobardelprofessore.com • T.l.j. 6h30-2h.**

### VOIR AUSSI :

## CAFFÈ GAMBRINUS

***p. 54*** ㉟ **Plan D4**

# LA VIA TOLEDO ET LES QUARTIERI SPAGNOLI

Quartier 7 - p. 58

## PRIGIOBBO

***Pizzeria*** ㊱ **Plan D4**

Cette pizzeria ressemble à une cuisine de grand-mère, avec ses carreaux de céramique et ses nappes en faux cuir. Les prix sont mini et les *pizze* un peu plus petites qu'ailleurs, ce qui permet de tester quelques antipasti... et de respirer l'ambiance à l'ancienne de ce quartier populaire.

**Via Portacarrese a Montecalvario, 96 • M° Toledo • ☎ 081 40 76 92 • Lun.-ven. 12h-23 et sam. 18h-minuit • Pizzas à partir de 4 €.**

## DA ATTILIO ♥

**Pizzeria** ㊲ Plan G8

Un peu moins connue que certaines pizzerias stars de Naples, Da Attilio est pourtant une excellente adresse pour goûter au meilleur de la pizza napolitaine. Nichée dans la via Pignasecca, qui cultive des airs de souk oriental, elle propose des *pizze* à tomber... Dans ses deux petites salles sans façon, on déguste une extraordinaire *margherita* (choisissez la version DOC pour profiter des saveurs lactées de la *bufala campana*), mais n'hésitez pas à vous aventurer vers des compositions plus originales. On a par exemple adoré celle agrémentée de fleurs de courgettes frites !

Via Pignasecca, 17 • M° Toledo ou Montesanto • ☎ 081 552 04 79 • Lun.-sam. 12h-15h30 et 19h-23h30 • Pizzas : 6-10 €.

## PASTICCERIA RANALDI

**Pâtisserie** ㊳ Plan D4

Si vous avez encore faim en sortant de chez Prigiobbo (qui est en face, p. 129), ou si vous vous promenez dans le coin, poussez la porte de cette pâtisserie où l'on prépare en famille, depuis trois générations, des délices sucrés. *Mustaccioli* (biscuits épicés), *struffoli* (confettis de pâte frite) ou *roccocò* (biscuits aux amandes), succombez aux plus napolitaines des gourmandises. Parfait aussi pour acheter un petit souvenir à grignoter...

Vico Lungo del Gelso, 97 • M° Montesanto • ☎ 081 40 07 73 • Lun.-sam. 8h-19h et dim. 8h-15h. Dessert : à partir de 1 €.

## DA NENNELLA

**Napolitain** ㊴ Plan D4

On y vient pour sa cuisine napolitaine typique, l'ambiance des ruelles animées des Quartiers espagnols, mais aussi pour le spectacle de ses deux serveurs. Côté assiette, un menu simple qui privilégie le poisson, la *pasta* et des spécialités de croquettes à la ricotta ou à la pomme de terre (3,50 €), friture de poissons, salade *caprese* (5 €), le tout avec un vin maison. On s'y presse midi et soir.

Vico Lungo Teatro Nuovo, 105 • M° Montesanto • ☎ 081 41 43 38 • www.trattoriadanennella.it • Lun.-sam. 12h15-15h et 19h15-23h • Menu sans antipasto : 12 € ; complet : 15 €.

## AUGUSTUS

**Pâtisserie** ㊵ Plan D4

Ce comptoir discret de la via Toledo fait partie des *caffè* et pâtisseries les plus réputés de Naples. Un *espresso* d'anthologie, des *sfogliatelle* bien chaudes, une vitrine débordant de mozzarella de bufflonne ou de charcuteries pour se confectionner un *panino* haut de gamme... c'est tout cela qui vous attend ! Il y a même une arrière-salle où grignoter quelques antipasti et plats simples le midi.

Via Toledo, 147 • M° Toledo • ☎ 081 551 3540 • T.l.j. 6h30-21h.

## VALÙ

***Risotto*** (41) **Plan D4**

Tons épurés, cuir, Inox et, sur les murs, les icônes Marilyn Monroe et Audrey Hepburn : un restaurant moderne qui tranche avec les cantines traditionnelles du quartier. La spécialité du lieu ? Le risotto. Une trentaine à la carte, délicieux et très copieux : végétarien, à la viande ou aux fruits de mer. Le *parmiggiano*, au fromage fumé, aux aubergines et à la viande, vaut le détour !

Vico Lungo del Gelso, 80 • M° Montesanto • ☎ 081 038 11 39 • www.valu.it • Lun.-sam. 12h-16h et 19h-minuit • Repas : 20-25 €.

## HOSTERIA TOLEDO

***Napolitain*** (42) **Plan D4**

Habitants et visiteurs se bousculent dans cette cantine familiale de bonne tenue. Deux salles où l'on goûte toute la gamme de pâtes traditionnelles. Mention spéciale aux *spaghetti alle vongole* et aux escalopes de veau *ai funghi*, délicieuses (15-25 € à la carte).

Vico Giardinetto, 78 • M° Toledo • ☎ 081 42 12 57 • www.hosteria toledo.it • Mer.-lun. 12h-16h et 18h-minuit.

## OSTERIA IL GOBBETTO

***Napolitain*** (43) **Plan D4**

Cette trattoria familiale est un hymne à la culture populaire des Quartiers espagnols. Dans le décor imaginaire d'une ruelle du

Osteria Il Gobbetto

quartier, entre linge aux fenêtres, petits autels et madone, on savoure une cuisine napolitaine simple et typique qu'un serveur en costume traditionnel déclame comme un acteur au théâtre : *fritto misto, frittelle di zucchine* (beignets de courgette), excellents *spaghetti alle vongole* (6 €).

Vico Sergente Maggiore, 8 • M° Toledo • ☎ 081 251 24 35 • Mar.-sam. 12h-14h45 et 19h-22h, dim. 12h-16h • Antipasto : 8 € ; plats : 6-9 €.

## PESCHERIA AZZURRA

***Poisson*** (44) **Plan D4**

Les rues de Naples tiennent parfois un peu du souk, leurs magasins débordant sur le trottoir. Les poissonneries impressionnent avec leurs bacs remplis de tourteaux, de poulpes ou de sardines. La Pescheria Azzura propose d'y goûter directement. Choisissez le produit qui vous fait

envie et installez-vous pour le déguster frit ou grillé, c'est selon !
**Via Porta Medina, 5 • ☎ 081 192 505 92 • Mar.-dim. 9h-23h • Repas env. 10 €.**

## CASA INFANTE

***Glacier*** ㊺ **Plan D4**

Les bombes de saveurs de Casa Infante ont un pouvoir magique : au moment où on les goûte, on peut suivre à la trace l'émotion faire son chemin vers une zone profonde du cerveau, pour toujours. La magie se décline en assemblages originaux et savoureux, à l'image de la *nocciomandorlacchio* (crème de noisette, d'amande et de pistache), de la crème de *gianduja* aux noisettes pralinées ou de la *crostata* (fraises des bois et pâte sablée). Nombreuses autres adresses en ville.
**Via Toledo, 258 • M° Toledo • ☎ 081 193 12 009 • www.casainfante.it • Lun.-ven. 10h-22h, sam.-dim. 10h-minuit (23h30 hors saison) • *Cono medio* : 3 €.**

Casa Infante

### VOIR AUSSI :

## PINTAURO

***p. 60*** ㊻ **Plan D4**

# LE VOMERO ET LA CERTOSA DI SAN MARTINO Quartier 8 - p. 64

## FRIGGITORIA VOMERO

***Pizzeria*** ㊼ **Plan C4**

Tous les Napolitains connaissent la Friggitoria Vomero, tenue depuis 1938 par la famille Acunzo. Le menu, à l'image du décor, n'a pas changé : on y dévore des pizzas frites (en forme de beignet) fourrées au jambon, à la ricotta ou à la mozzarella (1,50 €) et de délicieux beignets d'aubergine (0,20 €). Une « pizza du peuple », comme on la surnomme ici, hypercalorique et roborative à souhait !
**Via Domenico Cimarosa, 44 • Funiculaire Fuga • ☎ 081 578 31 30 • Lun.-sam. 8h30-21h (23h sam.).**

## GORIZIA 1916

***Pizzeria/brasserie*** ㊽ **Plan C3**

Véritable institution, cette brasserie jouit d'un joli décor historique de

style Art nouveau. Elle propose aux Napolitains de larges *pizze* cuites au feu de bois, des fritures de poisson légères ainsi que de nombreux plats de pâtes, qui hésitent entre saveurs de la mer ou de la terre. Le dimanche, tout le quartier se retrouve ici pour le traditionnel déjeuner en famille.
Via Gianlorenzo Bernini, 29-31 • M° Vanvitelli • ☎ 081 578 22 48 • www.gorizia1916.com • T.l.j. 12h-16h et 19h-1h • Pizzas : 6-10 € ; *primi* : 7-18 € ; *secondi* : 8-20 € ; menu spécial (lun.-ven.) : 9 €.

## ACUNZO

***Pizzeria*** — 49 Plan C4

C'est l'un de ces restaurants aux airs de cantine familiale. Une poignée de tables jetées sous des arcades blanches, des murs vêtus de marbre sombre, un décor quasi monacal où l'on déguste d'excellentes pizzas parmi 40 spécialités (de 5,50 à 9 €). Les grands classiques sont aussi à la carte : *fettuccine* (8 €) et gnocchis (7 €), escalope au vin, au citron ou aux champignons (8 €), friture de calamars (8 €) à accompagner de délicieux *contorni* braisés (6,50 €).
Via Domenico Cimarosa, 60/62 • M° Vanvitelli • ☎ 081 578 53 62 • www.acunzo1964.it • T.l.j. 13h-15h et 19h30-23h30.

## OSTERIA DONNA TERESA

***Napolitain*** — 50 Plan C3

Un vrai coup de cœur pour cette petite cantine de Vomero où les habitués se pressent autour de quelques tables pour un menu unique (13 €). On y concocte une cuisine napolitaine éternelle : soupe aux haricots blancs, boulettes de viande à la tomate, le tout arrosé d'un vin rouge maison à disposition sur les tables (compris dans le menu).
Via Michele Kerbaker, 58 • M° Vanvitelli • ☎ 081 556 70 70 • Lun.-sam. 12h30-15h30 et 19h30-22h30.

### VOIR AUSSI :

## SOAVE

***p. 66*** — 51 Plan C3

# CHIAIA ET LE LUNGOMARE Quartier 9 - p. 70

## OSTERIA DELLA MATTONELLA ♥

***Osteria*** — 52 Plan D4

Cachée dans une rue enjambant la via Chiaia, cette *osteria* familiale aux murs couverts de majolique vous initiera aux plaisirs simples de la gastronomie napolitaine. *Ragù* fondant, *pasta alla genovese*, *polpette*, friture de poissons, *baccalà* au four, tous les classiques sont là, pour un prix modique. Fatima, la jeune fille de la maison, vous accueillera avec une rare gentillesse, relayant en salle sa maman occupée aux fourneaux. On repart avec l'envie de faire partie de la famille.

**Via G. Nicotera, 13 • M° Municipio • ☎ 081 41 65 41 • Lun.-sam. 12h30-16h et 19h-23h, dim. 12h30-16h • Antipasti : 3,50-4,50 € ; *primi* : 6-8 € ; *secondi* : 5-6 €.**

## IL RISTORANTINO DELL' AVVOCATO

***Trattoria*** **53 Plan D5**

Dans le quartier de Santa Lucia, à quelques pas du château de l'Œuf, une trattoria moderne et inventive qui propose une formule très intéressante à midi. À la carte, des poissons grillés, des pâtes al dente aux fruits de mer ou aux légumes et quelques recettes régionales incontournables. Le soir, place à un menu gastronomique plus onéreux, mais qui joue une partition plus élégante.

**Via Santa Lucia, 115 • M° Municipio • ☎ 081 032 00 47 • www.ilristorantinodellavvocato.it • Lun. 12h-15h, mar.-mer. 12h-23h, jeu.-sam. 12h-16h et 19h-23h, dim. 12h-16h • Midi : plat unique 12 € ; antipasti : 12-25 € ; *primi* : 14-16 € ; *secondi* : 14-22 € ; soir : env. 50 € à la carte ou menu dégustation : 50 €.**

## L'ALTRO COCO LOCO

***Poisson*** **54 Plan D5**

L'une des grandes tables de Naples, cachée au fond d'une ruelle partant de la piazza dei Martiri. Le cadre se veut élégant (lumières tamisées, fauteuils confortables, tables joliment dressées) ; et la cuisine, de haute tenue. Le chef aime travailler des produits de la mer ultra-frais, jouant sur l'alternance entre cru,

L'Altro Coco Loco

cuit ou frit... Carpaccio de poisson, morue farcie en tempura, *linguine* aux encornets ou poulpe cuit dans le vin, les assiettes font toujours preuve d'une belle harmonie, à l'image du service. Bon point supplémentaire, le pain (maison) est à tomber. Un sommelier vous conseillera le vin idéal, à choisir parmi une large sélection de crus italiens et français. Attention, la note peut vite grimper !

**Vicoletto Cappella Vecchia, 4 • M° Piazza Amedeo • ☎ 081 764 17 22 • Lun.-sam. 20h-minuit, dim. 13h-16h • Résa indispensable • Antipasti : 15-25 € ; *primi* : 18-24 € ; poisson : à partir de 22 €.**

## BISTRÒ GOURMEET

***Bistrot*** **55 Plan C4**

Si vous êtes las de la trattoria classique, filez dans ce bistrot chic et design au sous-sol du mercato Gourmeet (p. 192). Tout n'est pas dans le décor, on y déjeune très bien de produits typiques de la Campanie triés sur le volet : *salsiccia* (saucisse), *polpette al limone* (boulettes de veau au citron), *sformato di riso ai funghi* (gâteau de riz aux champignons), le tout accompagné d'une très belle sélection de vins (le Fiano di Avellino est excellent) à des prix tout à fait corrects. Pour un changement d'ambiance radical.

**Via Alabardieri, 8/11 • M° Piazza Amedeo • ☎ 081 794 41 31 • www.gourmeet.it • Mar. et dim. 12h30-15h30, mer.-sam. 12h30-15h30 et 19h30-minuit • Plats midi : 8-10 €.**

## DA ETTORE

***Pizzeria*** **56 Plan D5**

Cette pizzeria, ouverte depuis plus d'un siècle, est une ancienne cave offrant « vins et cuisine ». Il faut absolument venir y goûter le célèbre *pagnottiello* (8,50 € sur place, 7 € à emporter), énorme chausson de pâte à pizza cuit au four et garni de ce qu'il vous plaira d'y mettre ! Vous pouvez l'emporter ou le manger sur place. Tables en extérieur l'été. Le service est efficace ; et le restaurant, très fréquenté.

**Via Santa Lucia, 56 • M° Piazza Amedeo • ☎ 081 764 04 98 • Lun.-sam. 12h30-15h30 et 19h-minuit.**

## LA CANTINELLA

***Napolitain*** **57 Plan D5**

La Cantinella a plus d'un atout dans ses cuisines. Pour vous en convaincre, essayez donc les *linguine alla Santa Lucia* (pâtes fraîches avec sauce tomate aux poulpes, seiches, crevettes et fruits de mer). Le restaurant possède aussi l'une des meilleures caves de la ville.

**Via Nazario Sauro, 42 • M° Piazza Amedeo • ☎ 081 764 86 84 • www.lacantinella.it • Lun.-sam. 12h30-15h et 19h30-23h30, dim. 12h30-15h • À partir de 50 €.**

## BA-BAR RISTORANTE

***Bistrot*** **58 Plan C4-5**

Bistrot, bar à vins, lieu de rencontres culturelles, Ba-Bar, c'est

# Notre top des PAUSES SUCRÉES

**Naples est décidément une ville très gourmande. *Sfogliatelle*, babas, gâteaux à l'amande ou au citron, chocolat et glaces constituent ses péchés mignons favoris. Mais pas les seuls !**

## SCATURCHIO

Sur la piazza San Domenico, les babas de Scaturchio vous rendront... baba. Tout comme ses chocolats fourrés. Voir p. 39.

## PASTICCERIA PANSA

Cette pâtisserie d'Amalfi, située juste en face du Duomo, vous fera forcément craquer : *gelati della nonna*, *sfogliatelle* ou délices au citron local, le choix sera très difficile. Voir p. 109.

## AUGUSTUS

C'est ici, sur la via Toledo, qu'il faut goûter aux *sfogliatelle*, ces petits feuilletés fourrés de ricotta. Accompagnés d'un bon café *ristretto*, ils font une parfaite pause gourmande. Voir p. 130.

## BILANCIONE

Un glacier ultra-gourmand et une vue extraordinaire sur le golfe de Naples et ses îles... Que demander de plus ? Voir p. 139.

Scaturchio

un peu tout cela à la fois. On vient bouquiner dans ses sofas moelleux, jouer au backgammon, faire une partie de *bigliardino* (baby-foot), découvrir son incroyable sélection de vins et de gins du monde entier, ou dîner entre amis autour d'une cuisine méditerranéenne inventive (beignets de fleur de courgette à la ricotta : 5 € ; carpaccio de thon aux oranges pelées : 10 €). Le mercredi, à partir de 19h, Ba-Bar se plie à la mode de l'apéritif-buffet gargantuesque, très populaire, une façon de dîner léger à petit prix lors d'une belle soirée napolitaine.

**Via Bisignano, 20 • M° Piazza Amedeo • ☎ 081 764 35 25 • www.ba-bar.it • Mar.-dim. 17h-2h • Résa conseillée • Entrées : 5-12 € ; plats : 7-12 €.**

## ANTICA LATTERIA

***Trattoria*** **59 Plan C4**

Dotée d'un joli décor (céramiques colorées au mur et poutres au plafond), cette trattoria ouverte en 1950 a la faveur des Napolitains. Beau choix de pâtes (*pasta e patate*, *pasta e fagioli*, *pasta e lenticchie*, gnocchis aux aubergines à tomber !) et *polpette al ragù*. Les amateurs de poisson opteront pour la friture du golfe. Pas de terrasse, mais deux salles climatisées.

**Vico II Alabardieri, 30/31 • M° Piazza Amedeo • ☎ 081 01 28 775 ou 338 496 89 39 (mob.) • www.anticalatteria.it • T.l.j. 12h30-15h30 et 19h30-23h (f. dim. soir et 3 sem. août) • Plats de pâtes : 8-12 € ; menu (lun.-ven.) : 10 € ; à la carte : 20-30 €.**

## DA TONINO

***Trattoria*** **60 Plan C4**

Le patron, qui a un sens de la dérision assez hors du commun, dit de sa trattoria qu'elle a de l'esprit et que la clientèle doit avant tout le supporter ou bien aller manger ailleurs. « Nous faisons tout avec humour, amour et... tout. » Quelle invitation alléchante pour s'asseoir chez Tonino et prendre, les yeux fermés, son menu du jour ! Bonne cuisine familiale, efficacité et gentillesse pour un petit prix.

**Via S. Teresa a Chiaia, 47 • M° Piazza Amedeo • ☎ 081 42 15 33 • Lun. 13h-16h, mar.-dim. 13h-16h et 20h-23h30 • Déjeuner : 10-15 €.**

## UMBERTO

***Trattoria*** **61 Plan C4**

On vient chez Umberto pour déguster des pizzas parmi les meilleures de la ville (7-11 €). Ne partez pas sans avoir goûté les célèbres aubergines au parmesan (5,50 €) ou les *maccheroncelli alla norma* (9 €), une recette de pâtes simple, mais extraordinaire. Un vrai régal !

**Via Alabardieri, 30/31 • M° Piazza Amedeo • ☎ 081 41 85 55 • www.umberto.it • Lun. 19h-minuit, mar.-dim. 12h-15h et 19h-minuit.**

## LA BERSAGLIERA

***Napolitain*** **62 Plan D5**

Au cœur de l'exquis Borgo Marinari, la terrasse de La Bersagliera est

Vinarium

installée sur le port de pêche. Cuisine napolitaine traditionnelle à base de poissons, à déguster au milieu de parfums très marins et du gracieux tintement des mâts de bateaux. Un panorama et une atmosphère romantiques au rendez-vous. Sachez tout de même que Dalí, Sophia Loren, Totò et Marcello Mastroianni vous ont précédé dans ce décor privilégié.
**Borgo Marinari, 10-11 • M° Piazza Amedeo • ☎ 081 764 60 16 • www.labersagliera.it • Mer.-lun. 12h-15h30 et 19h30-minuit (ouv. mar. en été) • Repas : 30-40 €.**

## VINARIUM NAPOLI

***Bar à vins*** — 63 **Plan C-D5**

C'est l'une des grandes institutions dédiées au vin à Naples. Plus de 600 étiquettes différentes (de 6 à 200 € la bouteille, et de 3 à 10 € au verre) à déguster avec les grands classiques de la cuisine italienne (*tagliata* de veau à 9,50 €, *primo piatto* 8 €). Une grande salle voûtée, des tables de bistrot, une clientèle vivante d'habitués, une adresse comme on les aime.
**Via Santa Maria a Cappella Vecchia, 7 • M° Piazza Amedeo • ☎ 081 764 41 14 • www.vinariumnapoli.it • Lun.-ven. 12h30-16h et 19h-1h, sam.-dim. 19h-1h.**

## GRAN CAFFÈ CIMMINO

***Pâtisserie*** — 64 **Plan C4**

On s'y presse en début de soirée, après des heures de shopping dans les boutiques de luxe du quartier. C'est une Naples un peu tape-à-l'œil, celle des grosses voitures, des chemises ouvertes et des bijoux voyants qui défilent au Cimmino. Mais la terrasse sur la place Rodinò est idéale pour dévorer les pâtisseries maison, dont le baba classique, servi ici pour une personne (1,50 €) ou pour 10 ! Essayez aussi la forêt rose (25 €/kg) ou la *crostata di fragoline* (4,50 €), une délicieuse tartelette aux fraises des bois.
**Via G. Filangieri, 12/13 • M° Piazza Amedeo • ☎ 081 41 83 03 • T.l.j. 7h-minuit.**

## DA DORA

***Poisson*** — 65 **Plan B4-5**

Ce restaurant est à Naples la « maison du poisson ». Dora est aux fourneaux, ses fils sont pêcheurs : aucun doute à avoir sur l'excellence des daurades et coquillages qui arriveront dans votre assiette, elle a fait la très

grande renommée du restaurant. Si vous voulez un *primo*, optez pour les *linguine alla Dora* (homard, gambas, langoustines, calamars et fruits de mer) à 24 €.
**Via F. Palasciano, 30 • M° Piazza Amedeo • ☎ 081 68 05 19 • www.ristorantedora.it • Mar.-dim. 13h-14h45 et 19h45-23h45.**

**VOIR AUSSI :**

### 'O TABACCARO

*p. 71* ⑯ Plan D5

## MERGELLINA ET LE POSILLIPO Quartier 10 - p. 74

### BILANCIONE ♥

***Glacier*** ⑰ Plan p. 74

Pour de nombreux Napolitains, ce glacier réputé constitue un arrêt obligatoire sur la route du Posillipo. Depuis 1977, les frères Bilancione proposent des glaces artisanales ultra-gourmandes et très variées : mention spéciale pour celle au citron de Sorrento, qui sublime cet agrume hors norme. Parmi les dizaines de parfums, les versions noisette (qui a reçu le prix « Cono d'Oro ») ou pistache-amande ont également leurs adeptes. Cerise sur la glace, on déguste ces merveilles sur le belvédère juste en face, avec vue sur Capri, le Capo Posillipo et le Vésuve. Quel bonheur !
**Via Posillipo, 238 • M° Mergellina • ☎ 081 769 19 23 • www.gelateriabilancione.it • Lun.-mar. 16h-2h, mer.-dim. 8h-2h.**

### ROSIELLO

***Napolitain*** ⑱ Plan p. 74

Dans ce restaurant, les recettes se transmettent de génération en génération. Le panorama marie harmonieusement Vésuve et Méditerranée. Ne manquez pas l'occasion de goûter, côté terre, la soupe de courgettes et de fleurs de courgette et, côté mer, les *linguine con cicala di mare* ou cigales de mer, devenues rarissimes, mais ce plat dépend de la pêche du jour. Attention, sachez que le poisson, pour certains plats, est souvent facturé au kilo : faites-vous bien préciser le prix lors de votre commande afin de ne pas avoir de surprise au moment de l'addition. L'endroit est aussi réputé pour sa pâtisserie classique *(babà e pastiera)* et pour ses tartes faites avec de la confiture maison.
**Via S. Strato, 10 • M° Mergellina, puis bus n° 140, dir. Capo Posillipo • ☎ 081 769 12 88 • www.ristoranterosiello.it • Jeu.-mar. 12h45-16h et 19h30-minuit • À la carte : 50 €.**

### CIRO A MERGELLINA

***Napolitain*** ⑲ Plan p. 74

Ciro est l'une des références de la cuisine napolitaine : excellents antipasti, fruits de mer, poissons et pizzas renommées. Il jouit d'une belle véranda d'où l'on peut voir et être vu ! L'envers de

la médaille, c'est qu'il est bondé et, de ce fait, assez bruyant.
**Via Mergellina, 21 • Funiculaire de Mergellina • ☎ 081 68 17 80 • www.ciroamergellina.it • Mar.-dim. 13h-16h et 20h-minuit • À partir de 45 €.**

## AL POETA

***Poisson*** ⑦⓪ Plan p. 74

Vous trouverez le poisson dans tous ses plus délicieux états – grillé, à l'*acqua pazza* (eau folle), à la tomate – et le vin sous toutes ses étiquettes, plus de 300 au total ; autrement dit, l'une des meilleures caves de Naples. Le trio de chefs, tous napolitains, attire la clientèle par une cuisine pleine de fantaisie, en particulier pour les *primi* : *spaghetti con cicinielli* (vairons) vivement conseillés.
**Piazza Salvatore di Giacomo, 135 • M° Mergellina, puis bus n° 140, dir. Capo Posillipo • ☎ 081 575 69 36 • Lun. 19h30-23h30, mar.-dim. 13h-15h30 et 19h30-23h30 • À la carte : 40-50 €.**

## IL MIRACOLO DEI PESCI

***Poisson*** ⑦① Plan p. 74

Ce restaurant de poisson et de fruits de mer fait partie de ces adresses napolitaines qui ne paient pas de mine et qui pourtant, chaque jour, sont prises d'assaut. Et il y a une bonne raison à cela. Oubliez le décor, aussi chaleureux que celui d'une poissonnerie… Le miracle est dans l'assiette concoctée par le souriant Claudio : *paccheri con gamberetti di mare*

Il Miracolo dei Pesci

(pâtes aux coques, moules et palourdes : 16 €), risotto de la mer aux coques et petits poulpes, filet de bar à la *provola* (15 €). Tout est succulent !
**Largo Sermoneta, 17 • Bus n° 140, arrêt Largo Sermoneta • ☎ 081 769 07 78 • T.l.j. 13h-15h et 20h-minuit • Résa très conseillée • Plats : 15-25 €.**

## CHALET CIRO

***Glacier*** ⑦② Plan B5

Vous rêvez de déguster une glace exceptionnelle sur un petit port de plaisance, avec une vue imprenable sur la baie de Naples et le Vésuve ? Alors rendez-vous à Mergellina chez celui que les Napolitains ont sacré roi de la glace : Chalet Ciro. Ici, on cultive la simplicité pour aller à l'essentiel :

une vingtaine de parfums classiques (noisette, chocolat, *bacio*, etc.) à déguster en cornet (1,30 €) ou à table, à l'ombre d'un bouquet de palmiers géants.

**Via Mergellina, 31 • Funiculaire de Mergellina • ☎ 081 66 99 28 • www.chaletciro.it • Jeu.-mar. 6h45-2h30.**

### VOIR AUSSI :

**50 KALÒ DI CIRO SALVO** ♥

*p. 75* ⑦③ Plan B5

**HOSTARIA LA VELA**

*p. 77* ⑦④ Plan p. 74

## POZZUOLI ET LES CHAMPS PHLÉGRÉENS Visite 11 - p. 78

### KEMAR

***Friture*** ⑦⑤ Plan p. 78

Cette *friggitoria* offre un petit comptoir tout simple avec terrasse donnant sur le port de Pozzuoli pour déguster fritures de poisson, *spaghetti alle vongole*, assiettes de poulpe ou *zuppa di cozze* (des moules marinières, version napolitaine). À tester également, les sandwichs de la mer, ici baptisés « kemar », le kebab... de la mer. Le poisson est ultra-frais, et les prix très raisonnables ; une excellente manière de goûter à la pêche locale.

**Largo San Paolo, 21, Pozzuoli • M° Pozzuoli ☎ 081 853 08 50 • http://friggitoriadelportopozzuoli.blogspot.fr • Mar.-dim. 12h30-1h • Fritures : 2-7 € ; plats : 6-12 € ; sandwichs : 5 €.**

### IL FARO... A NINELLA

***Osteria*** ⑦⑥ Plan p. 78

Dans une petite ruelle en retrait du port, voici une coquette *osteria* familiale qui joue la carte de la fraîcheur. En cuisine, Assunta, la *mamma*, travaille volontiers les poissons et fruits de mer locaux : *antipasti di mare*, *pasta alle vongole*, risotto aux calamars et citron, etc. Mais certaines recettes familiales plus rustiques sont également de la partie, comme la *pasta e ceci* (pâtes aux pois chiches). En salle et en terrasse, c'est Salvatore, le fils, qui sert les convives avec efficacité et gentillesse. Une adresse séduisante !

**Via G. B. Vecchione, 6, Pozzuoli • M° Pozzuoli • ☎ 331 790 09 39 (mob.) • Mer.-lun. 11h30-15h et 19h-23h (f. dim. soir) • Antipasti : 25 € ; *primi* : 8-12 € ; *secondi* : 10-15 €.**

### VOIR AUSSI :

**SOTTOZERO GELATERIA DELLA SIGNORA**

*p. 79* ⑦⑦ Plan p. 78

**SCIARDAC**

*p. 82* ⑦⑧ Plan p. 78

## POMPÉI ET HERCULANUM Visite 12 - p. 84

**VOIR LA PAUSE :**

### LUNA CAPRESE

*p. 88* (79) Plan p. 84

## ISCHIA ET PROCIDA Visite 13 - p. 94

### DAL PESCATORE

***Poisson*** (80) Plan p. 94

Avec sa grande terrasse ensoleillée sur le port de Sant'Angelo, prise d'assaut en saison, Dal Pescatore est l'une des meilleures adresses pour les fanas de poisson et de fruits de mer : ici, ils sont marinés (*antipasto pescatore* : 15 €), grillés ou frits (20 €), ou bien à la base de plats de pâtes typiques.

**Piazzetta Sant'Angelo, 5, Ischia/ Sant'Angelo • ☎ 081 99 92 06 • Hiver : ven.-mer. 9h-18h ; été : t.l.j. 7h-3h.**

### DA CICCIO

***Glacier*** (81) Plan p. 94

C'est une petite *gelateria* tout à côté du port. En fin de journée vient l'heure des Vespa vibrionnantes menées d'une seule main, pleine d'ardeur, par des visages conquérants montés de lunettes noires, façon *Rocco et ses frères* ; et puis de l'autre main, comme un aveu de tendresse, ils goûtent des glaces généreuses (2 €) et finissent par montrer leurs yeux.

**Piazza Antica Reggia, 5, Ischia Porto • ☎ 081 99 13 14 • T.l.j. 7h-minuit (2h en été).**

### AL PONTILE

***Trattoria*** (82) Plan p. 94

Si vous voulez déjeuner au pied du Castello Aragonese, avec vue sur le Vésuve et la baie de Naples, cette terrasse est la meilleure option. La carte de cette trattoria familiale propose de grands classiques de la terre et de la mer très réussis. Les *paccheri con vongole, zucchine e pecorino* (*paccheri* aux palourdes et courgettes : 15 €) ou la *salsiccia con friarielli* (le délicieux brocoli-rave de Campanie : 8 €) sont assez inoubliables. Service très efficace.

**Via Luigi Mazella, 15 Ischia Ponte • ☎ 081 195 17 657 • T.l.j. 12h-23h • Antipasti : 5-18 € ; plats : 7-14 €.**

### DOLCE È LA VITA

***Sur le pouce*** (83) Plan p. 94

Une bonne adresse pour un déjeuner léger ou une pause gourmande. On peut y déjeuner d'un *panino* (sandwich à 6 €) ou d'une salade (6-16 €), mais surtout s'y initier à la pâtisserie régionale, pas avare de spécialités : *cannolo alla ricotta*, baba au rhum à la chantilly et aux fraises des bois, *sfogliatelle* à la

Dolce è La Vita

ricotta, *torta caprese*, etc. Salle climatisée et terrasse sur la mer.
**Via Nazario Sauro, 10, Ischia/ Sant'Angelo • ☎ 081 99 91 20 • www.pasticceriadolceelavita.it • T.l.j. 8h-20h • Pâtisseries : 3-5 € ; glaces : 6 € (2 boules).**

## MAZZIOTTI

***Glacier*** (84) Plan p. 94

Voici une pause idéale dans les escaliers menant à la marina de Coricella ! Ce glacier réputé permet de se rafraîchir grâce à des glaces artisanales. Celles aux agrumes sont divines, mais ne dédaignez pas la simple *stracciatella*, qui fait preuve d'un fondant délicat. Également quelques pâtisseries typiques de l'île de Procida, comme la *lingua di bue* et de bons cafés. Deux autres adresses sur l'île, à Marina Grande (via Roma, 20) et à Marina Chiaiolella (via Giovanni da Procida, 93).
**En haut de la Discesa Graziella, au coin avec via San Rocco, 41, Marina di Coricella, Procida • ☎ 081 810 18 53 • T.l.j. 7h30-2h.**

## CARACALÈ

***Poisson*** (85) Plan p. 94

Vous rêvez d'un déjeuner les pieds dans l'eau sur l'un des plus jolis ports d'Italie ? Foncez vous attabler chez Caracalè ! Sa terrasse est installée devant les barques de pêche, sur la magnifique marina de Corricella. Au menu, du poisson frais, débarqué directement du bateau chaque matin. Une valeur sûre !
**Via Marina di Corriccella, 62, Marina di Corricella, Procida • ☎ 081 896 91 92 • T.l.j. 12h30-15h30, 19h-23h (f. mar. sf en juil.-août) • Antipasti : 11-15 € ; *primi* : 13-18 € ; *secondi* : 13-16 €.**

## ROMA

***Pâtisserie*** (86) Plan p. 94

En débarquant à Procida, pour se remettre de la traversée ou pour prendre des forces avant d'explorer l'île, on fait escale ici pour goûter de délicieuses *lingue al limone*, la spécialité de l'île. Crémeuse et légèrement acidulée, cette pâtisserie en forme de langue a le parfum d'agrume des îles napolitaines.
**Via Roma, 164, Procida • Mer.-lun. 6h30-minuit • ☎ 081 896 74 60 • À partir de 1 €.**

### VOIR AUSSI :

## CALISE

***p. 95*** (87) Plan p. 94

## DAL CAVALIERE

***p. 96*** (88) Plan p. 94

La Palette



## LA PALETTE

***Méditerranéen*** ⑧⑨ Plan p. 98

La palette, c'est celle du peintre. Dès le premier plat, on comprend qu'ici elle est infinie, que ce sont toutes les couleurs de la Méditerranée que le chef met dans l'assiette, à l'image de ce carpaccio de crevettes où se mêlent les herbes odorantes du maquis, les fleurs sauvages de l'île et les œufs de poisson orange, verts et noirs. Les raviolis noirs aux moules et haricots qui suivent sont du même acabit : une fantaisie géniale, une maîtrise totale de l'harmonie des textures et des saveurs. Ajoutez à cela une cave hors pair et une vue sans pareille sur le sud de l'île, et vous comprendrez comment Alfredo et Veronica ont réussi à faire de La Palette l'une des plus belles expériences de Capri.

Via Matermania, 36 • ☎ 366 247 60 92 (mob.) • T.l.j. 11h-16h et 18h-23h • Plats : 14-24 €.

## LA TERRAZZA BRUNELLA

***Napolitain*** ⑨⓪ Plan p. 98

Oui, La Terrazza Brunella est un must cher ! Mais la cuisine d'Antonio De Simone mérite bien quelques jours de régime pizza ! Car tous les classiques de la cuisine campanienne sont ici, réalisés à la perfection : *ravioli capresi* (18 €), *paccheri* aux fruits de mer (25 €), etc. à savourer dans une boîte d'un blanc immaculé, accrochée à la falaise, d'où la vue sur le sud de l'île et la masse abrupte du Monte Solaro n'a pas d'égale. Sans compter le charme suranné de ses serveurs, veste crème et nœud pap', à la mine un brin compassée...

**Via Tragara, 24 • ☎ 081 837 01 22 • www.terrazzabrunella.com • Pâques au 1er nov. : t.l.j. 11h30-16h30 et 19h-23h30 • *Primi* : 16-32 € ; poisson et viande : 20-32 €.**

### LO SCOGLIO DELLE SIRENE

***Napolitain*** (91) **Plan p. 98**

Cette terrasse embrassant la mer, en contrebas de Capri, est un paradis sur terre. On y déguste de beaux plats de poisson grillé et quelques spécialités à se damner : pâtes maison aux fleurs de courgette et *vongole*, *paccheri* aux petits poulpes, sauce aux olives et aux câpres. La qualité de l'assiette et la splendeur du site méritent le détour !

**Via Mulo, 77, Marina Piccola • ☎ 081 837 02 21 • www.loscogliodellesirenecapri.com • T.l.j. avr.-oct. 9h-18h • Pâtes : 15-26 €.**

### VOIR AUSSI :

### BUONOCORE

***p. 99*** (92) **Plan p. 98**

## SORRENTO Visite 15 - p. 102

### TERRAZZA MARZIALE ♥

***Gastronomique*** (93) **Plan p. 102**

Face à l'église San Francesco et à son délicieux cloître, la Terrazza Marziale s'impose comme l'une des meilleures tables de la région. Son sublime décor, un palais du XVIIIe s., séduit sans peine. Sous les orangers de la terrasse, on aime profiter de la fraîcheur du soir et d'un service attentif. Les agrumes de la péninsule sorrentine, les légumes des jardins vivriers des environs, les pâtes de Gragnano ou les poissons fraîchement pêchés sont mis à l'honneur. Pour le vin, suivez l'avis du maître d'hôtel et sommelier !

**Piazza FS Gargiulo, 2 • ☎ 081 807 44 06 • www.terrazzamarziale.com • Mar.-dim. 19h30-22h30 • Résa indispensable • Antipasti : 10-14 € ; *primi* : 10-16 € ; *secondi* : 14-22 €. Menu dégustation : 65 €.**

### PIZZERIA TRIANON DA CIRO

***Pizzeria*** (94) **Plan p. 102**

Cette pizzeria de style napolitain (pas si fréquent à Sorrento) s'est installée un peu à l'écart du corso Italia, dans une salle moderne et bien climatisée. Les pizzas géantes sortant du four à bois traditionnel plairont aux initiés de la *vera pizza napoletana* et aux appétits les plus solides. Les incontournables ? La *margherita*, bien sûr, mais aussi la *marinara*, pizza tomate et origan.

Piazza A. Lauro, 9/10 • ☎ 081 877 31 90 • T.l.j. 12h-15h30 et 19h-23h30 • Pizzas : 6-10 €.

## O'PARRUCCHIANO

**Sorrentin** 95 Plan p. 102

Parmi les restaurants de Sorrento, O'Parrucchiano (le prêtre de la paroisse) mérite une mention spéciale. Enzo Maniello vous propose le meilleur de la cuisine sorrentine traditionnelle. À l'ombre des orangers et des citronniers, il vous initiera aux *gnocchi alla sorrentina*, préparés avec de la mozzarella, des tomates et recouverts de parmesan. Au menu également, les cannellonis farcis de viande, mozzarella, ricotta et parmesan, et les *paccheri al profumo di mare*.

Corso Italia, 71/73 • ☎ 081 878 13 21 • www.parrucchiano.com • T.l.j. 12h-15h30 et 19h-23h30 (f. mer. 15 nov.-15 mars) • Plats : 10-13,50 €.

## DA FILIPPO

**Sorrentin** 96 Plan p. 102

Le Sorrentin qui n'a jamais déjeuné chez Da Filippo est un oiseau rare. On se presse depuis plus de 25 ans sous les boiseries de sa grande salle pour savourer encore et encore la merveilleuse cuisine de Salvatore : poisson, viande blanche, gibier, champignons, huile d'olive et citron, etc. Les produits bio et de saison de la péninsule sorrentine sont toujours à l'honneur. Ici, le péché serait de repartir sans goûter le

La Zagara

*babà* et la tarte aux figues de Donna Maria... Du haut vol !

Via Cesarano, 5 • ☎ 081 877 24 48 • Ven.-mer. 12h30-15h et 18h30-23h30 • *Primi* et *secondi* : 8-20 €.

## LA BASILICA

**Sorrentin** 97 Plan p. 102

Retirée sous de grandes voûtes fraîches, à l'écart de la foule de la piazza Tasso, La Basilica est l'un des temples de la gastronomie sorrentine. Friture d'anchois frais, poisson en croûte de pain, espadon à la menthe ou homard, les produits de la mer sont à l'honneur, mais on y savoure aussi d'autres classiques : pizzas (7-12 €), gnocchis à la sorrentine, salade *caprese* divine (10 €) que vous pourrez accompagner d'excellents vins de Campanie, Fiano di Avellino, Aglianico et Falerno del Massico en tête.

Via Sant'Antonino, 28 • ☎ 081 877 47 90 • www.ristorantelabasilica.com • T.l.j. 11h30-minuit • *Primi* : 10-15 € ; *secondi* : 18-30 € ; menus : 45 €.

**VOIR AUSSI :**

### ARTIS DOMUS

*p. 104* (98) Plan p. 104

## LA CÔTE AMALFITAINE Visite 16 - p. 108

### LA ZAGARA

***Pâtisserie*** (99) Plan p. 108

Malgré un service peu aimable devenu quasi légendaire, la réputation de La Zagara ne faiblit pas. C'est que l'antique pâtisserie a deux bottes secrètes : une terrasse sous pergola d'où le regard embrasse la vallée plantée de citronniers et d'orangers, le village de Positano en escaliers et la coupole de majolique de Santa Maria Assunta ; et une sélection infinie et à tomber des meilleures pâtisseries locales, à commencer par la *torta caprese al cioccolato e mandorle* (5 €), la tartelette aux fraises des bois *(crostata di fragole di bosco)* et l'incontournable *Delizia al limone*, une génoise en forme de sein au sirop de limoncello et à la crème de citron...

Via dei Mulini, 10, Positano • ☎ 089 87 59 64 • www.lazagara.com • T.l.j. 8h-22h.

### RISTORANTE MARINA GRANDE

***Gastro*** (100) Plan p. 108

Bien qu'il soit également un *beach club*, ce restaurant installé sur le *lido* d'Amalfi n'a rien d'une cabane de plage. Son cadre soigné invite à la détente : plancher ciré, déco marine, terrasse au-dessus de la mer avec bruit des vagues en bande-son, etc. Dans une vaisselle contemporaine, on vous servira des plats savoureux et joliment présentés. L'assiette de poulpe préparé de trois manières fait partie des musts, tout comme les *linguine* aux fruits de mer. L'adresse idéale pour un dîner en amoureux.

Viale della Regione, 4, sur la petite plage d'Amalfi avant le promontoire • ☎ 089 87 11 29 • http://ristorantemarinagrande.com • T.l.j. 12h-15h et 18h30-22h15 • Résa indispensable • Antipasti : 14-18 € ; salades : 10-12 € ; pâtes : 14-20 € ; poisson et viande : 18-26 €.

### L'ABSIDE

***Sur le pouce*** (101) Plan p. 108

Au royaume de la *pasta*, de la pizza et des fruits de mer, les salades et les *bruschette* (10 €, surtout le midi) concoctées ici connaissent un grand succès ! Pour déguster en terrasse ce délicieux pain grillé, légèrement aillé, mouillé d'un filet d'huile d'olive et recouvert de tomates, de jambon cru, d'origan ou de quelques feuilles de basilic, mieux vaut venir tôt (12h en haute saison) !

Piazza dei Dogi, 31, Amalfi • ☎ 089 87 35 86 • www.ristorantelabside.it • Lun.-sam. 12h-22h.

## LIDO AZZURRO

***Poisson*** (102) Plan p. 108

Ce *lido* est une institution du bord de mer amalfitain. Élégante terrasse posée sur l'eau, avec une vue spectaculaire sur le port et le promontoire d'Amalfi. À l'intérieur, salle à la déco colorée, peuplée de profils de céramique et d'objets d'inspiration marine. Au menu, d'inoubliables *spaghetti alle vongole*, des *linguine* aux langoustines ou des poissons grillés (plus cher). Le ballet des serveurs, poêlons de *pasta* à la main, donne le tournis.

Lungomare dei Cavalieri, 5, Amalfi • ☎ 089 87 13 84 • www.ristorantelidoazzurro.it • Mar.-dim. 12h-14h45 et 18h45-22h15 • Antipasti : 12-20 € ; *primi* : 14-18 € ; poisson : 25-30 €.

## TRATTORIA DEI CARTARI

***Trattoria*** (103) Plan p. 108

Si l'émotion existe en cuisine, comme le coup de foudre en amour, alors la cuisine de cette trattoria, retirée de la cohue comme pour mieux cacher ses secrets, pourrait bien vous tirer des larmes... de bonheur. Goûtez les classiques *spaghetti alle vongole*, illustration parfaite de la philosophie maison : ail, oignon, persil, huile d'olive, coques avec leur jus de cuisson et de gros spaghettis *croccante*... C'est divin ! Terminez avec l'exquise aubergine confite au chocolat (5 €) !

Piazza Spirito Santo, 5, Amalfi • ☎ 089 87 21 31 • Mar.-dim. 12h30-16h30 et 19h30-23h • *Primi* : 10-15 € ; *secondi* : 20-25 €.

## MIMÌ BAR PIZZERIA

***Pizzeria*** (104) Plan p. 108

Sous le soleil de Ravello, qui cuit jusqu'aux vieilles pierres de la cité médiévale, la pergola ombragée de Mimì est une bénédiction. Pour d'autres bienfaits, visez plutôt la carte, à commencer par quelques spécialités originales comme la saucisse à la *provola* grillée dans des feuilles de citron (12 €) ou les spaghettis à la sauce aux anchois de Cetara (12 €). Mais c'est la pizza, déclinée en une vingtaine de recettes (7-12 €), qu'il faut absolument goûter. La Bufala (8 €), aux tomates de San Marzano et à la mozzarella de bufflonne, est à la fois d'un juteux et d'un croustillant inégalables qui en font un pur chef-d'œuvre... bien trop éphémère.

Via San Francesco, 12, Ravello • ☎ 089 85 71 34 • www.mimiravello.com • T.l.j. 12h30-15h et 19h-22h (f. lun. en hiver) • Pâtes : 10 € ; antipasti : 6-12 €.

## LO GUARRACINO

***Poisson*** (105) Plan p. 108

Ce restaurant de poisson et de fruits de mer, qu'on dirait suspendu à un fil au-dessus des flots, offre quelques émotions fortes, dont les inoubliables *scialatielli* - des pâtes fraîches typiques de la côte - aux aubergines et à la mozzarella fumée, et la *zuppa di cozze*, une délicieuse soupe de moules à la sauce tomate.

**Via Positanesi d'America, 12, Positano • Sentier côtier vers la plage de Fornillo • ☎ 089 87 57 94 • www.loguarracinopositano.it • Avr.-oct. : t.l.j. 12h30-15h30 et 16h30-22h30 (23h30 en été) • Pâtes : 12-28 € ; poisson : 12-30 €.**

## WINE-DARK HOUSE

***Poisson*** (106) **Plan p. 108**

Cette jolie maison cubique rouge-brun, en contrebas du Duomo de Positano, tourne le dos au front de mer, comme un pied de nez à l'effervescence touristique. En cuisine pourtant, c'est toute la mer qui déferle : risotto de fruits de mer (20 €), *fritto misto* du jour (22 €), *zuppa di cozze* (soupe de moules : 12 €), *spaghetti alle alici* (aux anchois frais : 12 €), etc. Une cuisine savoureuse à déguster sur la petite terrasse ombragée. Le plus : une belle carte des vins.

**Via del Saracino, 6/8, Positano • ☎ 081 81 19 25 • Mer.-lun. 12h30-15h et 19h-22h • Plats : 12-22 €.**

### VOIR AUSSI :

## PASTICCERIA PANSA

***p. 109*** (107) **Plan p. 108**

Wine-Dark House

# LA PIZZA, un mets divin

**La pizza napolitaine est incontestablement la meilleure. Elle a d'ailleurs fait son entrée au patrimoine mondial de l'Unesco. C'est, en effet, l'aliment qui représente le mieux Naples et sa tradition culinaire. Sensuelle, populaire et noble à la fois, elle a ce quelque chose de magique qui la rend irrésistible.**

Le four à pizza

## Une origine contestée

Plusieurs villes revendiquent son origine. Il semble que la pizza était **déjà connue en Italie il y a 3 000 ans.** Le mot dériverait du terme latin *picea*, désignant une pâte écrasée cuite sur une piastre brûlante. Peu importent les querelles, si elle n'est pas napolitaine de naissance, elle l'est d'adoption, et c'est ici qu'elle a pris toute son importance avant de conquérir le monde.

## Un mets divin

Cette pitance simple cacherait des **origines divines.** La déesse Déméter, au cours de ses pérégrinations pour retrouver sa fille Perséphone, sauva le fils de ses hôtes, Céléos et Metarina. Elle le fit passer sur des flammes pour lui donner l'immortalité. Surprise par Metarina, elle se mit en colère, mais se calma lorsque cette dernière lui offrit un mélange de farine, d'eau et de basilic cuit sur le feu...

## Plaisir des sens

La dégustation de la pizza en appelle à **tous les sens à la fois :** la vue est capturée par les couleurs des différents ingrédients, l'ouïe par le crépitement du four qui doit absolument être au bois ; l'odorat est aiguisé par le parfum des ingrédients mêlés, le goût flatté par la saveur incomparable et pourtant variable de la pizza ; le toucher entre en jeu lorsque les doigts s'emparent du disque de farine tout chaud.

## Une touche de virilité

Le secret de la pizza réside dans des ingrédients simples : farine, eau, levure, sel, basilic, origan, ail et huile. Le processus de la cuisson associe les éléments fondamentaux de la vie : l'air et le feu, l'eau et la terre (four). Mais le miracle est obtenu grâce au **mystérieux talent du pizzaïolo.** La tradition veut que cette préparation ne soit confiée qu'à des hommes, qui instilleraient un principe masculin de vie et de puissance permettant à la pâte de lever !

## Faim de Pulcinella et gourmandise des rois

À Naples, la pizza est devenue un point de rencontre entre goût aristocratique et tradition populaire : tous aiment *farsi una pizza*. Elle est capable de rassasier les plus pauvres et de satisfaire la légendaire gloutonnerie de Pulcinella. Comme elle, elle est **un archétype de l'imaginaire napolitain.** Mais elle est également appréciée des puissants. On raconte en effet que le roi Ferdinand II, en 1835, se faufilait sans dévoiler son identité dans la Pizzeria del Testa pour goûter la « fougasse napolitaine » du fameux pizzaïolo Domenico.

## Margherita

En 1889, le pizzaïolo Raffaele Esposito fut convoqué au palais de Capodimonte pour préparer une pizza pour la famille royale. Il en confectionna trois différentes. Celle avec **tomates, mozzarella et basilic, aux couleurs de l'Italie,** enthousiasma tellement la reine Margherita qu'on lui donna son nom...

## Où trouver la vraie pizza napolitaine ?

**L'association Vera Pizza Napoletana** a mis au point une sorte de cahier des charges dans lequel sont contenues toutes les règles pour préparer la vraie pizza : *mozzarella di bufala*, tomates de San Marzano et huile d'olive vierge extra (plus digeste). Les pizzerias qui s'y conforment sont signalées par une enseigne aux couleurs vert, blanc et rouge indiquant « Vera Pizza Napoletana ». Mais la pizza peut être excellente sans ce brevet !

### OÙ LA MANGER ?

Impossible de quitter Naples sans avoir savouré la pizza dans son cadre idéal : les pizzerias populaires du centre historique. Il est déconseillé de les fréquenter aux heures de pointe, surtout le samedi entre 21h et 23h. Si c'est le cas, donnez immédiatement votre nom à l'employé et allez patienter dehors ! Voir notre top des meilleures pizzas p. 121.

# MOZZARELLA
## et tazzulella

**Deux noms aux sonorités ondoyantes, deux ritournelles pour chanter les mérites de ces grandes spécialités dont Naples est la patrie incontestée. La mozzarella est aussi blanche que le *caffè* est noir sous son écume. Et pour ce dernier, le prodige quotidien se fait art de vivre. C'est un signe d'hospitalité, une pause essentielle et maintes fois répétée au cours de la journée. Le café devient un culte, et le boire exige tout un cérémonial.**

Le café

### Mozzarella et fior di latte

**La véritable mozzarella est *di bufala*** (au lait de bufflonne). Sa couleur blanche la distingue des autres, en particulier du *fior di latte*, légèrement plus jaune, car fait avec du lait de vache. À la coupe, la vraie mozzarella éclabousse de lait, alors que le *fior di latte* suinte. En bouche, elle est ferme, nerveuse et tenace : elle ne fond pas. Elle se présente sous différentes formes : normale, petite *(bocconcini)* ou en tresse *(treccia)* et doit être conservée dans son petit-lait, mais jamais au réfrigérateur, car elle sèche.

### 'Na tazzulella é cafè

En dialecte napolitain, *'na tazzulella é cafè* désigne une petite tasse de café. Elle est tellement liée au **mode de vie des Napolitains** que Pino Daniele l'a célébrée dans l'une de ses chansons. Servi en très petite quantité tant il est fort, on l'avale dès le matin, brûlant, debout au comptoir et jusque tard le soir...

### Le café dans tous ses états

En dehors de sa forme la plus courante, *ristretto* (noir et serré), le café connaît d'agréables variantes. Il se mélange au lait dans le *cappuccino*. Il peut être aussi à peine taché d'une goutte de lait dans le *macchiato*. Pour vous remonter, le café se fait malicieusement *corretto* (corrigé), autrement dit, arrosé d'anis. Les grands gourmands ne résisteront pas au *brasiliano* avec de la crème de lait saupoudrée de cacao. Le café *freddo* (froid) s'apprécie en été. Bref, **il s'adapte à toutes les humeurs.** Attention, on sucre très souvent le café avant de le servir pour que la mousse reste à la surface. Demandez-le *amaro* si la coutume ne sied pas à votre palais ou à votre ligne.

## Les arcanes du café

Le café se boit également à la maison : un peu plus léger que l'*espresso*, il est délicieux. Le **succès de ce rituel** exige que plusieurs conditions soient réunies. En premier lieu, le café doit être un mélange *(miscela)* de robusta et d'arabica, bien grillé lors de la torréfaction et finement moulu, mais sans exagération. La cafetière a également son importance. Avec la vraie *macchinetta napoletana* traditionnelle, le café se fait par percolation et non par pression comme avec la cafetière « moka ». Elle doit être bien culottée pour faire du bon café. Enfin, l'eau joue également un rôle décisif. Les Napolitains prétendent que seule celle de Naples permet de réussir un bon café...

## Les grands cafés historiques

Le café est l'un des éléments clés de la convivialité sociale à Naples. **La tradition des beaux cafés culmine au XIX^e^ s.** Vers 1850, on en comptait une trentaine sur la seule via Toledo ! Lettrés, artistes et oisifs choisissaient ces salons pour se rencontrer : Goethe et Verdi furent des fidèles du Gambrinus. Ces lieux étaient également le **théâtre de farces multiples.** Devant le café Turco, le talent du comique Mongelluzzo était tel que certains trams faisaient un arrêt de 10 minutes pour que les passagers, hilares, profitent du spectacle. Il ne reste de cette époque que le Gambrinus (p. 54). Mais les petits nouveaux, surgis sur les places du centre historique, semblent vouloir renouer avec la tradition.

### LA FABRICATION

Le lait de bufflonne est pasteurisé à 120 °C. Il se divise alors en trois strates. Deux seulement sont utilisées pour la consommation. La couche du milieu, le petit-lait, ou *siero,* sert à la fabrication de la ricotta et du beurre. La couche inférieure durcit pour former des blocs. Ceux-ci sont coupés en petits morceaux sur lesquels on jette de l'eau bouillante, avec laquelle ils sont malaxés. Ils retrouvent une consistance pâteuse que l'on modèle, pour lui donner la forme des boules de mozzarella.

# Bars, clubs & sorties

## PAR QUARTIER

# À SAVOIR

## US ET COUTUMES DES NAPOLITAINS

Les Napolitains sortent tard, pendant la semaine, ils mangent chez eux et se retrouvent après ! On dîne avec les copains plutôt le vendredi et le samedi soir. Les étudiants se retrouvent souvent **piazza San Domenico Maggiore** avant d'aller boire des verres dans le quartier de l'Université. Dans le **centre historique,** profitez des nombreuses terrasses de la **piazza Bellini,** où les bars jouent à touche-touche : choisissez celui qui vous ressemble ! Du côté de **Chiaia,** autour de la **piazza dei Martiri** et dans les ruelles adjacentes, trinquez avec une clientèle bien mise, qui aime siroter des cocktails jusqu'au bout de la nuit... En été, direction le quartier de **Marechiaro** ou le promontoire du **Posillipo** pour boire un verre en bord de mer et profiter de la douceur nocturne.

## DEMANDER LE PROGRAMME

Les mélomanes assisteront aux concerts de l'**association Scarlatti et Santa Caterina di Siena** ou aux concerts de musique sacrée qui investissent les belles églises du centre de Naples (programmes dans les offices de tourisme, p. 209). Nombre de **festivals internationaux** de haut vol ont lieu sur la côte amalfitaine : concerts wagnériens à la **Villa Rufolo de Ravello** ou **Estate Musicale Sorrentina** dans le cloître San Francesco (p. 18). Enfin, un bon moyen d'écouter de la musique gratuitement : **les clubs et cafés *musica dal vivo*.** Les quotidiens locaux *(Il Mattino)* et les pages napolitaines des quotidiens nationaux *(La Repubblica)* ou le mensuel gratuit *Quick* (disponibles en kiosques, dans les offices de tourisme ou les lieux culturels) regorgent d'informations sur l'actualité culturelle. Pour être toujours au courant, consultez le site **www.incampania.com**

## PRIX/BUDGET

Pour assister à un opéra ou à un ballet au théâtre San Carlo (p. 163), il vous en coûtera de 30 à 120 €. Les concerts dans les églises sont souvent peu chers et même parfois gratuits.

## SE REPÉRER

Chaque adresse de lieu de sortie est associée à une pastille violette numérotée. Vous retrouverez toutes les adresses positionnées sur le plan détachable.

# LES COUPS DE CŒUR
# de notre auteur

**Spritz en terrasse, concert de jazz, bière artisanale ou dégustation de vins locaux ? La vie nocturne napolitaine réserve de belles surprises, dénichées par notre auteur. Le soir venu, les places du centre-ville restent le rendez-vous principal des jeunes Napolitains.**

## OAK WINE AND CRAFT BEER BAR

Un bar qui sert des vins naturels comme on les aime. Voir p. 158.

## LIBRERIA BERISIO

Je suis tombé sous le charme de ce bar-librairie, à l'atmosphère bohème. Voir p. 160.

Groove

Spazio NEA

## SPAZIO NEA

Il est toujours l'heure de passer au Spazio NEA : pour une expo de peinture, l'*aperitivo*, une soirée DJ, etc. Voir p. 161.

## MOSTO

Des bières artisanales, une clientèle bruyante, un piano pour pousser la chansonnette... Une atmosphère unique. Voir p. 165.

## L'ANTIQUARIO

J'adore ce *speakeasy* feutré et ses cocktails parfaitement maîtrisés. Voir p. 167.

## OFFICINA

Que j'aime cette vue sur le château de l'Œuf ! Pour un *aperitivo* raffiné au soleil couchant. Voir p. 167.

## GROOVE

Sur le port de Pozzuoli, un bar à vins chaleureux et animé, où j'ai fait de belles rencontres. Voir p. 170.

L'*aperitivo* sur la piazzetta de Capri

## LA VIA DEI TRIBUNALI ET SAN LORENZO MAGGIORE Quartier 2 - p. 30

### PORTICO 340

***Café littéraire*** ① **Plan H7**

Un joli café littéraire, parfait pour les débuts de soirée. Les citations de Brecht, Hugo, Wilde et Monet ornent la porte. En terrasse ou dans le bar étroit en bois, on sirote un verre de vin en bouquinant, si on le souhaite, les ouvrages piochés dans la bibliothèque...

**Via dei Tribunali, 340 • M° Museo • T.l.j. 9h30-22h30.**

## SPACCANAPOLI ET SANTA CHIARA Quartier 3 - p. 36

### OAK WINE AND CRAFT BEER BAR ♥

***Bière et vin*** ② **Plan G8**

Un bar qui met la convivialité au premier plan et invite ses clients à partager leur table. Et ça marche : le bar est exigu ; mais les clients, habitués à se retrouver au coude-à-coude avec des inconnus. Idéal pour boire un verre de vin naturel ou une bière artisanale en faisant des rencontres. Si vous avez faim, la maison sert *bruschette*, charcuterie, fromage et un plat du jour.

**Vico della Quercia, 10 • M° Dante • www.oaknapoli.com • ☎ 349 715 52 70 (mob.) • Dim.-jeu. 17h-minuit, ven.-sam. 17h-1h • Petite planche de charcuterie et fromage : 8 €.**

### KESTÈ

***Bar*** ③ **Plan H8**

C'est l'enseigne phare des étudiants napolitains depuis que la municipalité a confié à Kestè cette place devant l'Institut oriental. Ils sont chaque soir une bonne centaine à déborder du bar dans une ambiance bruyante et bon enfant, s'abreuvant de bière pression (à partir de 3 €) ou de cocktails (caïpirinha : 6 €). La galerie d'art expose des photographes napolitains. À vivre absolument !

**Largo San Giovanni Maggiore a Pignatelli, 26-27 • M° Dante • ☎ 081 781 00 34 • Lun.-ven. 10h-2h, sam.-dim. 15h30-2h.**

### RED WINE

***Bar à vins*** ④ **Plan G8**

Ce bar à vins/cave est tout sauf guindé. On adore son animation débordante, sa bande-son tonitruante et son équipe ultra-dynamique. Sur la terrasse ou en salle, on refait volontiers le monde autour de belles découvertes œnologiques. Choix énorme de crus transalpins de toutes origines, avec comme il se doit

# Les meilleurs BARS À VINS

**Les vignobles de Campanie produisent un grand nombre de vins, qui ont chacun leur caractère. Découvrez leurs différences dans les *enoteche* et bars à vins de la ville et du golfe.**

## RED WINE

À deux pas de l'église du Gesù, le Red Wine est un bar à vins festif et jeune, à la sélection pointue et réjouissante. Voir p. 158.

## GROOVE

Vin ou concert, il ne faut pas choisir ! Chez Groove, on aime les deux, et on en profite dans une ambiance locale et très chaleureuse. Voir p. 170.

## ENOTECA BELLEDONNE

Envie de connaître tous les secrets des vins de Campanie ? L'Enoteca Belledonne possède l'une des plus belles caves de Naples. Voir p. 168.

## BABEL WINE BAR DELI & ART

Un bar à vins artistique, au cœur de Ravello. Céramiques et grands vins y font bon ménage, sur fond de musique douce. Voir p. 175.

une large sélection de vins régionaux. Également de la bière brassée sur place, qui se décline en plusieurs versions.
Calata Trinità Maggiore, 19/20/21 • M° Dante • ☎ 081 195 69 131 • T.l.j. 18h-2h • Verre de vin généreux : 5-8 € ; bières : 3,50-8 €.

## TOM & JERRY

***Bières à emporter*** ⑤ **Plan H7**

La via Mezzocanone est le repaire des étudiants napolitains. On y trouve nombre d'universités et librairies, mais aussi pas mal de bars, snacks et commerces nocturnes. Chez Tom & Jerry, on se ravitaille en bières fraîches, à choisir parmi 150 marques différentes. Ensuite, on fait comme tout le monde et on déguste sa mousse préférée debout sur le trottoir ou sur la piazza San Domenico Maggiore, en entamant une discussion enflammée avec les *ragazzi* du coin. Au fait, savez-vous pourquoi le bar se prénomme comme les héros animés de Hanna-Barbera ? C'est un hommage à un épisode de 1954 qui se déroulait... à Naples.
Via Mezzocanone, 121 • M° Università • Lun.-sam. 12h-3h • Bières : 1,50-5 €.

## SUPERFLY

***Bar*** ⑥ **Plan G7**

Si l'envie vous prend d'écouter Hendrix, Coltrane ou les Clash en sirotant un mojito (6 €) ou un verre de vin (4 €), le Superfly est fait pour vous. Gianni a demandé à ses clients les 10 albums pop, rock, jazz et soul qui ont marqué l'histoire de la musique depuis 50 ans. Résultat : une fresque murale qui assemble en patchwork les plus célèbres pochettes vinyles, de Miles Davis à Stevie Wonder en passant par Led Zeppelin, Police et Pink Floyd. Inutile d'y venir pour le top 50 italien ! Dans ce petit bar du centre antique où le Flower Power se mélange au design moderne, les DJ invités plusieurs fois par semaine revisitent les grands classiques.

**Via Cisterna dell'Olio, 12 • M° Dante • ☎ 347 127 21 78 (mob.) • Mer.-lun. 19h-3h (1h30 sem. ; f. juin-sept.).**

## BUCO PERTUSO

***Bar à vins*** ⑦ **Plan H8**

Ce petit bar qui sert une bonne sélection de vins locaux et de bières est parfait pour se mettre dans l'ambiance des soirées napolitaines. À l'heure de l'*aperitivo*, un petit buffet où piocher un bout de focaccia, compris dans le prix du verre, et le vendredi soir, concerts et DJ sets qui réchauffent l'atmosphère jusqu'à tard.

**Via Giovanni Paladino, 21 • M° Università • Sam.-mer. 18h-2h et jeu.-ven. 18h-3h • Verre de vin : 4-5 €.**

# DE LA PIAZZA BELLINI AU MUSÉE ARCHÉOLOGIQUE Quartier 4 - p. 40

## IL BIRRAIUOLO

***Bar à bières*** ⑧ **Plan G7**

Une petite taverne tout en longueur où le bois domine, qui a fait des bières artisanales sa spécialité. À la pression, un choix intéressant de bières d'origine italienne ou plus lointaine, dans tous les styles : IPA, triple, blanche, stout, vous trouverez forcément votre bonheur ! Grand choix en bouteilles également, avec des bières du monde entier. Bande-son jazzy et soul qui invite aux discussions et aux rencontres.

**Via V. Bellini, 48 • M° Dante • ☎ 081 549 27 03 • T.l.j. 18h30-minuit (2h ven.-sam.) • Bières artisanales : à partir de 5 €.**

## LIBRERIA BERISIO ♥

***Bar-librairie*** ⑨ **Plan G7**

Les librairies sont légion dans la via Port'Alba, mais celle-ci est à coup sûr la plus originale. Au milieu des ouvrages de seconde main, on a en effet décidé d'installer un grand bar et quelques banquettes ! On organise même de petits concerts et des

sessions DJ entre les bouquins, histoire de donner encore plus de vie à ce lieu attachant. Terrasse agréable pour prendre l'air.
Via Port'Alba 28/29 • M° Dante • ☎ 081 549 90 90 • Lun.-jeu. 10h-13h et 16h-1h30, ven.-sam. 10h-13h et 18h-3h, dim. 18h-1h30.

## IL TASCHINO

***Bar*** ⑩ **Plan G7**

Grande terrasse agréable, mais l'intérieur vaut également l'escale : pierres apparentes, comptoir en bois et briques peintes en blanc. On boit un verre ou on croque un morceau sur le pouce, attablé ou lové dans de vastes canapés. Des DJ sets se tiennent très régulièrement.
Piazza Vincenzo Bellini, 72 • M° Museo ou Dante • ☎ 081 45 68 50 • T.l.j. 10h30-2h.

## SPAZIO NEA ♥

***Cocktails*** ⑪ **Plan G7**

Spazio NEA est à la fois une galerie d'art contemporain, une librairie et un bistrot arty doté d'une grande terrasse sur la piazza Bellini. La nuit venue, sa cour pavée, lovée au pied de l'escalier monumental du couvent San Antonio, se retranche derrière de hautes grilles et s'éclaire d'une lumière vacillante qui la rend magique. L'endroit est parfait pour respirer la nuit napolitaine en sirotant de bons cocktails.
Via Costantinopoli, 53 • M° Museo ou Dante • ☎ 081 45 13 58 • www.spazionea.it • T.l.j. 9h30-2h • Cocktails : 6-7 €.

## INTRA MOENIA

***Café littéraire*** ⑫ **Plan G7**

C'est l'un des premiers cafés littéraires de la ville. On discute assis à la terrasse en été, et sous la magnifique véranda en hiver. Fréquenté le jour par les touristes, il est apprécié le soir par les Napolitains mondains. Il deviendra vite l'un de vos endroits préférés non pour la gentillesse des serveurs, mais pour le cadre et la glycine fleurie en juin.
Piazza Vincenzo Bellini, 70 • M° Museo ou Dante • ☎ 081 45 16 52 • www.intramoenia.it • T.l.j. 10h-2h • Verre de vin : 5 €.

Spazio NEA

### TEATRO BELLINI

***Théâtre*** ⑬ **Plan G7**

Le premier théâtre Bellini fut inauguré en 1864 et détruit par un incendie quatre ans plus tard. C'est en 1887 que devait renaître de ses cendres le rival du San Carlo. Lui aussi a connu les affres de la crise du théâtre dans les années 1970, mais il est revenu, après rénovation, sur le devant de la scène depuis plus de 15 ans. La façade et la décoration intérieure à elles seules valent le déplacement.

Via Conte di Ruvo, 14 • M° Museo • ☎ 081 549 96 88 • www.teatrobellini.it • De 14 à 40 €.

## LE CENTRE MONUMENTAL Quartier 6 - p. 50

### TEATRO AUGUSTEO

***Théâtre*** ⑭ **Plan D4**

Situé à deux pas de la Galleria Umberto I, ce petit théâtre porte l'empreinte de l'époque qui l'a vu naître. Créé dans les années 1920 comme lieu de spectacle pour les dignitaires fascistes, il a depuis connu une histoire bien mouvementée. Transformé en salle de cinéma, il a même failli devenir un supermarché avant de retrouver sa vocation originelle. Il possède sans doute l'une des meilleures acoustiques de la ville.

Piazzetta Duca d'Aosta, 263 • Funiculaire Augusteo • ☎ 081 41 42 43 ou 081 40 56 60 • www.teatroaugusteo.it • De 25 à 65 €.

### CENTRO DI MUSICA ANTICA PIETÀ DE' TURCHINI

***Concerts*** ⑮ **Plan D4**

Installé dans le couvent et l'église Santa Caterina da Siena, ce centre de musique défend l'héritage musical et théâtral des XVI^e^ et XVII^e^ s. napolitains. Les concerts ont lieu principalement à l'église Santa Caterina, mais aussi à l'église San Rocco. Au programme, Haendel bien sûr, Scarlatti et Tartini, mais aussi des œuvres

## Réserver une place

Deux adresses pour réserver vos places de concert, théâtre, etc. :

**Box Office**
**Galleria Umberto I, 17 (Plan D4) • M° Toledo • ☎ 081 551 91 88 • www.boxofficenapoli.it • Lun.-ven. 9h30-20h, sam. 10h-18h.**

**Concerteria**
**Via M. Schipa, 23 (Plan B4) • M° Piazza Amedeo • ☎ 081 761 12 21 • www.concerteria.it • Lun.-ven. 10h-13h30 et 16h30-19h30, sam. 10h-13h30.**

plus populaires de la musique napolitaine signées Provenzale, Trabaci, Veneziano, Nola, Netti, Caresana et Sabino.
Via Santa Caterina da Siena, 38 • Funiculaire C. V. Emanuele • ☎ 081 40 23 95 • www.turchini.it • Entrée : 10 €.

## TEATRO SAN CARLO

***Théâtre*** ⑯ **Plan D4**

Le plus ancien théâtre lyrique d'Europe, classé au patrimoine mondial de l'Unesco, propose aux mélomanes ballets, opéras et concerts de musique classique. Les opéras italiens de Verdi, de Rossini, de Donizetti et de Puccini sont souvent au programme, sans oublier Mozart, Strauss et Wagner en particulier. Côté ballet, les classiques russes font toujours recette, mais dans des chorégraphies revisitées. On peut trouver des billets, même à la dernière minute (sauf concert exceptionnel).
Via San Carlo, 98 • Funiculaire Augusteo • ☎ 081 797 23 31 ou 081 797 24 12 • www.teatrosancarlo.it

## BELUGA BISTROT & TERRACE

***Bar*** ⑰ **Plan E4**

Cap sur le 9e étage de cet hôtel 5-étoiles réalisé par les grands

Teatro San Carlo

noms du design, pour découvrir sa terrasse panoramique vitrée. En bas, le bruit de la ville et le spectacle des bateaux du port. En haut, le calme. À la carte, belle sélection de cocktails.

Romeo Hotel, via Cristoforo Colombo, 45 • M° Università • ☎ 081 017 50 01 • www.romeohotel.it • T.l.j. 11h-minuit.

## LES BELLES CHOSES

***Pub*** ⑱ **Plan D4**

Dans une ambiance légèrement tamisée avec mobilier en bois et luminaires en cuivre, un pub traditionnel où vous pourrez déguster des bières irlandaises et écossaises en écoutant une musique diffusée à volume réduit. Une adresse agréable pour se retrouver et échanger le récit des aventures de la journée avant de s'élancer dans le tourbillon des folles nuits napolitaines.

Via Cesario Console, 15/16 • Funiculaire C. V. Emanuele • ☎ 081 245 11 66 • T.l.j. 18h-2h • Pinte : 5 €.

## Les vins de Campanie

**· Les blancs**

**Lacryma-christi** : vous le reconnaîtrez à sa couleur jaune paille et à son parfum fin et délicat, sec et corsé en bouche avec un arrière-goût acidulé. À boire à une température de 12 °C.

**Fiano di Avellino** : sa saveur sèche et élégante se marie avec tous les plats à base de poisson. À servir frais (8 °C).

**Greco di Tufo** : un des vignobles les plus anciens d'Italie. C'est un vin idéal pour les crustacés et les fritures de poisson, mais aussi un excellent apéritif s'il est servi frais.

**Falanghina dei Campi Flegrei** : c'est un vin sec, harmonieux et fruité, à boire à une température de 10 °C.

**· Les rouges**

**Taurasi** : voilà sans doute le meilleur vin rouge de Campanie, reconnaissable à sa couleur rubis intense. Son bouquet prononcé accompagne idéalement les viandes rouges. Servir à 18-20 °C.

**Per'e Palummo** : le seul vin rouge d'Ischia. Chaud et parfumé en bouche avec des senteurs fruitées et un corps velouté, il met en valeur les viandes blanches ou rouges (18 °C).

**Gragnano** : de couleur rouge grenat, il a un parfum de violette fanée et une saveur moelleuse. Légèrement pétillant, c'est un vin à boire avec de la viande blanche et même au dessert (14 °C).

# LE VOMERO ET LA CERTOSA DI SAN MARTINO Quartier 8 - p. 64

## RENZO E LUCIA

***Bar*** ⑲ **Plan C3**

Adresse très classe, salle immaculée sobrement meublée, gigantesque terrasse. Ce bar, voisin du Castel Nuovo, vaut d'abord pour sa vue exceptionnelle ! Elle embrasse tout le golfe de Naples, ou presque. Évitez le restaurant.

**Via Tito Angelini, 33 • M° Vanvitelli • ☎ 081 191 71 022 • Facebook : Renzo e Lucia Napoli • En journée, petite restauration 11h-19h ; le soir, restaurant-bar 20h-minuit et dim. midi.**

# CHIAIA ET LE LUNGOMARE Quartier 9 - p. 70

## HAPPENING COCKTAIL BAR

***Bar à cocktails*** ⑳ **Plan C4**

Située dans l'une des ruelles les plus animées de Chiaia, cette adresse déborde sur la rue. Les jeunes du quartier aiment s'y retrouver en début de nuit pour siroter quelques cocktails ou trinquer. La spécialité ? Les classiques italo-américains, où les amers sont rois : Americano, negroni, Martini-dry… Mais on peut aussi craquer pour une margarita ou un gin-tonic.

**Via Bisignano, 2 • M° Piazza Amedeo • ☎ 338 271 58 02 • http://happeningbar.it • T.l.j. 18h-2h (3h jeu.-sam.) • Cocktails : 7-10 € ; verre de vin généreux : 5 €.**

## CANTINE SOCIALI

***Terrasses*** ㉑ **Plan C4**

Cet établissement ultra-animé, étape incontournable des noctambules de Chiaia, s'étale sur une bonne partie de la jolie place Giulio Rodinò. Il dispose carrément de trois terrasses et de plusieurs bars, aux ambiances différentes. Que l'on passe pour l'*aperitivo* (plantureux buffet), pour boire un verre de vin ou pour un cocktail en fin de soirée, c'est toujours plein !

**Piazza Giulio Rodinò • M° Piazza Amedeo • ☎ 338 351 13 75 (mob.) • T.l.j. 17h45-3h15.**

## MOSTO ♥

***Bar à bières*** ㉒ **Plan C4**

Poussez la porte de ce bar à bières de copains grand comme un mouchoir de poche, où on fait vite des rencontres. Excellent choix de bières artisanales, à la pression comme en bouteille, et dans tous les styles : pilsner, IPA, lager, blanche, bitter… Elles proviennent presque toutes de microbrasseries italiennes, parfois même de Naples. Grosse ambiance le week-end, où

# Nos plus belles TERRASSES

**Les terrasses sont innombrables à Naples, et le soleil présent été comme hiver les met toute l'année à l'affiche. Sur une place, les pieds dans l'eau ou avec vue, choisissez votre préférée.**

## OFFICINA

Un bar élégant, installé dans une ancienne pharmacie, au décor très XIX$^{e}$ s. La terrasse, avec vue sur le château de l'Œuf, est idéale pour prendre le frais. Voir p. 167.

## BARDELMARE

Quelques tables posées au bord d'une cale du Capo Posillipo où les bateaux dansent, bordées de somptueuses villas. On boit un verre avant ou après la baignade ? Voir p. 169.

## MARESIA

Ce *lido* de Procida possède une terrasse panoramique où se rafraîchir après la plage. Les couchers de soleil, avec vue sur Ischia, y sont légendaires. Voir p. 170.

## FAUNO BAR

Installé au cœur de Sorrento, le Fauno est une étape obligatoire. Café du matin, rafraîchissement, *aperitivo* ou digestif, il n'y a pas d'heure pour y passer ! Voir p. 173.

Maresia, à Procida

on n'hésite pas à jouer de la guitare ou du piano et à chanter tous en chœur. Également, une belle carte d'alcools, en particulier de whiskys.
**Vico Alabardieri, 28 • M° Piazza Amedeo • ☎ 081 058 47 03 • www.mosto.beer • Lun.-jeu. 19h-2h, ven.-dim. 19h-3h • Bières artisanales : à partir de 5 €.**

## OFFICINA ♥

***Bar branché*** ㉓ **Plan D5**

La belle terrasse, avec vue sur le château de l'Œuf, n'est pas le seul atout de ce café moderne et branché. D'abord, c'est ouvert en continu et on peut aussi bien y prendre un petit déjeuner, y faire une pause ou venir profiter de l'air de la mer en soirée. Ensuite, comme chez Ba-Bar (p. 135), qui appartient au même propriétaire, on profite ici d'un excellent *aperitivo* et de tapas bien troussées. Enfin, on y déguste d'excellents cocktails et une belle sélection de vins, qui attirent une clientèle hétéroclite de locaux et de touristes.
**Via Santa Lucia, 169 • M° Municipio • ☎ 081 764 62 70 • T.l.j. 7h-1h (plus tard le week-end, ferme au dernier client) : petit déj. dès 7h, lunch 12h30, *aperitivo* 19h, dîner 19h30.**

## L'ANTIQUARIO ♥

***Bar à cocktails*** ㉔ **Plan C5**

Ce *speakeasy* dissimulé dans une rue assaillie par la circulation se hisse facilement parmi les meilleurs bars de Naples. On aime profiter de son cadre cosy et reposant où de profonds fauteuils invitent à prendre son temps. Au comptoir, des barmans à nœud pap' très chevronnés, qui n'hésitent pas à faire le show. La carte propose aussi bien des classiques entrés dans la légende de la mixologie que des créations maison, où toutes les audaces sont permises.
**Via Vanella Gaetani, 2 • M° Piazza Amedeo ou funiculaire Parco Margherita • ☎ 081 764 53 90 • www.antiquariobar.com • T.l.j. 19h30-3h • Cocktails : 12-15 €**

## BARRIL

***Bar*** ㉕ **Plan C5**

À mille lieues des adresses bling-bling de la rue G. Fiorelli : il faut descendre quelques marches pour rallier ce bar très agréable à la cour intérieure aménagée en jardin. On s'assied sur des troncs d'arbre face à une table en fût de chêne, et on sirote un verre au son de notes de jazz brésilien.
**Via Giuseppe Fiorelli, 11 • M° Piazza Amedeo • ☎ 393 981 43 62 (mob.) • www.barril.it • Mar.dim. 19h-2h • Cocktails : 7 €.**

## SPRITZ

***Bar*** ㉖ **Plan C4-5**

Façade et mobilier orange, nom du bar : pas de doute, ici, le spritz est roi ! Ce cocktail composé de prosecco, de Campari et d'une rondelle d'agrume fait les belles heures des nuits napolitaines. Il se déguste ici à toute heure, mais surtout à l'apéro ou en deuxième partie de soirée.

**Via Bisignano, 45 • M° Piazza Amedeo • ☎ 328 756 79 81 ou 366 454 24 30 (mob.) • Mar.-dim. 18h-3h.**

## NÀIS

***Bar*** ㉗ **Plan C5**

Dans ce quartier où les bars à cocktails pullulent, la concurrence oblige chacun à se spécialiser. Nàis, c'est l'antre du quinquagénaire bon vivant, amateur de bonnes agapes - l'incontournable buffet-apéro est plutôt bien garni -, amoureux de jazz, à la chemise impeccable, mais assez nostalgique pour feuilleter la bio des Clash qui traîne sur les étagères ; un adepte des moments partagés entre vieux amis, des bons vins et des cocktails - goûtez le Hurricane au rhum ambré et citron vert (8 €) - que l'on sert ici avec tout l'apparat nécessaire.

**Via G. Ferrigni, 29 • M° Piazza Amedeo • ☎ 081 658 04 66 • T.l.j. 18h-2h.**

## S'MOVE LIGHT BAR

***Bar*** ㉘ **Plan C4-5**

Une autre adresse où commencer la soirée en prenant un verre sur le trottoir parmi la foule des jeunes Napolitains. Une salle au rez-de-chaussée avec un grand bar et une autre à l'étage avec une balustrade qui permet de participer à l'ambiance générale. Bonne sélection de musique variée pour tous les goûts.

**Vico dei Sospiri, 10 • M° Piazza Amedeo • ☎ 081 195 67 977 • Mar.-ven. 20h-2h, sam.-dim. 20h-4h (f. en août) • Bières : 5 € ; verre de vin : 5 € ; cocktails : 7 €.**

## LA MELA

***Club*** ㉙ **Plan C4**

Le premier night-club de Naples existe déjà depuis plusieurs décennies. À l'entrée de la discothèque, un physionomiste vous indique que La Mela (la pomme) est un endroit où la clientèle est sélectionnée. On y accueille la *Napoli per bene* au cours de soirées animées par son DJ. On y vient pour danser, mais aussi pour assister à des défilés de mode ou à des présentations de livres.

**Via dei Mille, 40 bis • M° Piazza Amedeo • ☎ 081 444 46 66 • www.lamelaclub.it • Jeu.-sam. 23h30-4h • Entrée + 1 conso : 25 €.**

## ENOTECA BELLEDONNE

***Bar à vins*** ㉚ **Plan C4**

À l'origine, c'était un endroit où l'on vendait exclusivement de l'huile et du vin. Après en avoir hérité, Antonio et Ciro l'ont transformé en vinothèque en conservant la chaleur d'origine du lieu. Depuis, l'Enoteca Belledonne est devenue un bar couru par une foule d'amateurs savourant joyeusement sur le pavé Fiano di Avellino (5 € le verre), Coda di Volpe (5 €), mais aussi des Morellino de Toscane (5 €) accompagnés d'antipasti offerts par la maison !

**Vico Belledonne a Chiaia, 18 • M° Piazza Amedeo • ☎ 081 40 31 62**

La Casita Retrò

• www.enotecabelledonne.it • Lun. 16h30-1h, mar.-sam. 10h-13h30 et 17h-2h, dim. 19h-1h.

## LA CASITA RETRÓ

***Bar à cocktails*** (31) **Plan C5**

Son atmosphère rétro en fait l'un des bars à cocktails les plus agréables du quartier. Ici une fontaine à absinthe, là un miroir doré, des raquettes de tennis en bois, une machine à coudre Singer, des verres à cocktails finement ciselés, etc. son bric-à-brac, baigné d'une lumière douce, vous plonge dans l'intimité d'un boudoir voluptueux. On y sirote des cocktails originaux – goûtez le détonant Terra Mia (vodka, *succo di limone*, liqueur de litchi et piment : 8 €) – au bar ou calé dans un profond sofa club.

Via G. Ferrigni, 31 • M° Piazza Amedeo ou Toledo • ☎ 333 496 63 09 (mob.) • T.l.j. 18h-2h.

# MERGELLINA ET LE POSILLIPO Quartier 10 - p. 74

## BARDELMARE

***Au bord de l'eau*** (32) **Plan p. 74**

Il faut descendre jusqu'à une petite crique cachée du Capo Posillipo pour découvrir cette terrasse posée sur l'eau. Des verres servis bien glacés pour se désaltérer après la baignade et quelques plats simples pour tenir toute la soirée. Le week-end, l'ambiance ne retombe que très tard dans la nuit.

Via Ferdinando Russo, 18 • M° Mergellina, puis bus n° 140,

• ☎ 081 769 22 41 • www.bardelmare.com • T.l.j. 9h-minuit (jusqu'à 3h le week-end) • *Antipasto del mare* : 20 € ; plats : 7-15 €.

### VIRGILIO CLUB

***Club*** ㉝ **Plan p. 74**

L'endroit idéal pour passer une nuit « au frais » : ce club privé dispose d'une piste de danse sous les étoiles et de plusieurs terrasses. Immergé dans la végétation du parc Virgiliano sur les hauteurs de Posillipo, l'espace est assez grand pour héberger une discothèque et un piano-bar.

Via T. Lucrezio Caro, 6, zone Posillipo 2 • Bus n° 140 • ☎ 081 575 52 61 • Résa obligatoire.

## POZZUOLI ET LES CHAMPS PHLÉGRÉENS Visite 11 - p. 78

### GROOVE ♥

***Bar à vins*** ㉞ **Plan p. 78**

Bienvenue chez Groove, un bar à vins qui a le sens du rythme ! On adore y prendre l'*aperitivo* (beau buffet de produits locaux), en terrasse ou au comptoir, et déguster quelques verres de vins de la région. L'équipe, adorable, a le sens de l'accueil : n'hésitez pas à lui demander conseil. De bons concerts jazz sont organisés, prenant place dans la salle du fond (sauf l'été, où l'on se consacre au Pozzuoli Jazz Festival, p. 19).

Via Maria Puteolana, 12 • M° Pozzuoli • ☎ 339 536 13 88 (mob.) • T.l.j. 19h-2h.

## ISCHIA ET PROCIDA Visite 13 - p. 94

### MARESIA

***Lido/bar*** ㉟ **Plan p. 94**

Ce *lido* perché sur une falaise au-dessus de la plage de Chiaiolella dispose d'une petite buvette tropicale digne d'un *beach bar* de Bali. Le cadre est magnifique : palmiers et cactus, piscine à débordement, mobilier design et surtout vue imprenable sur Ischia. On adore y prendre une bière glacée ou siroter un jus maison au coucher du soleil. Paradisiaque !

Via G. Garibaldi, 27, Spiaggia di Chiaiolella, Procida • ☎ 081 810 11 52 • www.maresiaprocida.it • Mai-sept. : t.l.j. 10h-jusqu'au coucher du soleil.

### VINERIA LETTERARIA L'ISOLA DI ARTURO

***Terrasse/bar*** ㊱ **Plan p. 94**

Ce petit bar sur le port de Marina Corricella a plus d'un tour dans son sac : sa terrasse, si proche de l'eau qu'on pourrait y avoir le mal de mer ; à l'intérieur, un comptoir où on discute aussi bien littérature qu'œnologie, le patron étant spécialiste dans les deux domaines ; enfin, tout au fond, des portants accueillant vêtements de style marin et chapeaux. Un lieu hybride.

**Via Marina Corricella, 40, Marina Corricella, Procida • ☎ 333 657 03 99 (mob.) • Facebook : Vineria Letteraria l'Isola di Arturo • En saison t.l.j. 8h30-2h • F. janv.-mars.**

## TAVERNA ANTONIO

***Taverne*** ㊲ Plan p. 94

Une poignée de tables sous le soleil d'Ischia, la danse des haubans sous le vent, le ronronnement des triporteurs essoufflés par leur cargaison de légumes et de poisson frais et, au loin, dans l'ombre de la végétation dense des pentes du Montagnone, un chapelet de cubes blancs et de façades colorées... Ajoutez des vins blancs de l'île - le Biancolella et le Forastera sont recommandés (5 € le verre) - ou de Campanie bien frappés, des tapas délicieuses et l'une des meilleures *bruschette* (5-8 €), et cette taverne sur le port devient l'apéro-bonheur total ! Tout simplement parfait avant de repartir en *aliscafo* vers Naples.

**Via Porto, 55 (rive droite), Ischia Porto • ☎ 081 98 42 64 • T.l.j. 11h-23h ; août : t.l.j. 18h-2h.**

# CAPRI Visite 14 - p. 98

## ANEMA E CORE

***Taverne*** ㊳ Plan p. 98

Voilà près de 30 ans que Guido Lembo, musicien, guitariste, chanteur, *entertainer* et businessman, anime les soirées les plus courues de Capri. Sa célèbre taverne est un lieu modeste qui réunit une clientèle plutôt chic, mais aussi des amis de longue date et des touristes curieux, pour des soirées musicales fiévreuses et pleines de bonne humeur. Un must de Capri.

**Via Sella Orta, 1, Capri • ☎ 081 837 64 61 ou 329 474 25 08 (mob.) • www.anemaecorecapri.com • T.l.j. 23h-4h • Résa conseillée juin-août • Entrée : 40 € (avec 1 conso).**

Anema e Core

La Capannina Wine Bar

## LA CAPANNINA WINE BAR

***Bar*** 39 Plan p. 98

Si vous êtes las de l'atmosphère un peu bling-bling de Capri, filez dans ce discret bar-lounge caché dans une ruelle minuscule. Vous y trouverez toute la jeunesse capriote en goguette – celle qui vit ici toute l'année – prête à en découdre avec les nuits romantiques de l'île, sûrement avec moins de glamour qu'ailleurs, mais avec beaucoup plus d'authenticité ! Côté bar, plus intime, on sirote des cocktails sur du jazz bon enfant ; côté lounge – une terrasse couverte d'un chapiteau –, la musique est plus rock, et l'ambiance plus électrique.

Vico San Tommaso, 1, Capri • ☎ 081 837 07 32 • www.capanninacapri.it • T.l.j. 19h30-2h • Cocktails : 7-10 €.

## VINOTECA DELLA ZAGARA

***Bar à vins*** 40 Plan p. 98

Dans le village discret d'Anacapri, la Vinoteca della Zagara est devenue en peu de temps le repaire des amateurs de bons vins, qui chaque semaine viennent goûter dans un décor stylé une nouvelle sélection de vins italiens – et seulement italiens – triés sur le volet : des rouges, des blancs, des rosés, des pétillants, mais aussi des cépages inattendus en Italie, comme le tokay et le riesling, ou encore des vins de la région (7-8 € le verre). Les tapas sont très bonnes (*bruschette* offertes), mais penchez-vous au-dessus de la vitrine réfrigérée : il y a là quelques *salumi* à tomber.

Via G. Orlandi, 180, Anacapri • ☎ 081 837 29 23 • www.casamariantonia.com • T.l.j. 18h-1h.

# SORRENTO Visite 15 - p. 102

## FAUNO BAR

***Terrasse/bar*** 41 Plan p. 102

Avec son look seventies, ce grand bar doté d'une immense terrasse est un incontournable de Sorrento. On peut y prendre un *espresso* avant de monter dans l'*aliscafo*, lézarder au soleil devant un cappuccino, déjeuner rapidement, siroter un spritz en début de soirée ou un limoncello avant de rentrer. La terrasse devient encore plus plaisante le soir, quand le trafic ralentit. À l'intérieur, très jolie déco de mosaïques vertes, au charme rétro très dolce vita.

**Piazza Tasso, 13-15 • ☎ 081 878 1135 • www.faunobar.it • T.l.j. 7h-minuit.**

# LA CÔTE AMALFITAINE Visite 16 - p. 108

## MASANIELLO ART CAFÈ

***Bar de nuit*** 42 Plan p. 108

L'un des seuls bars d'Amalfi vraiment animé en soirée. Au programme ? Une petite terrasse assez tranquille, un long bar installé dans les antiques murailles de la République maritime et de la musique à plein volume. C'est ici que la jeunesse d'Amalfi a ses habitudes, à laquelle se mêlent joyeusement touristes et visiteurs.

**Largo Cesareo Console, 7, Amalfi • ☎ 089 87 19 29 • www.artcafe amalfi.it • T.l.j. 9h-3h.**

## VILLA MARIA

***Bar*** 43 Plan p. 108

Dans le genre chic et romantique, il y a le bar du luxueux hôtel Villa Maria, parfait pour un cocktail à la tombée du jour. De la terrasse en belvédère, le regard embrasse toute la vallée du Dragon, qui s'étage en vergers jusqu'à la mer... La carte affiche une grande sélection de cocktails non alcoolisés à base de jus de fruits frais pressés à la commande, et bien sûr des cocktails classiques, dont un surprenant spritz au limoncello d'Amalfi (10 €).

**Hôtel Villa Maria, via Santa Chiara, 2, Ravello • ☎ 089 85 72 55 • www.villamaria.it • T.l.j. 10h-23h • Cocktails : 8-10 €.**

## LE FIORIERE

***Bar*** 44 Plan p. 108

Dans la catégorie « bar avec vue imprenable », Le Fioriere remporte la palme. De la terrasse de l'hôtel, en belvédère au-dessus de la mer, c'est toute la baie de Positano que l'on embrasse du regard. À la nuit tombante, la mer, le ciel et la côte s'estompent dans un dégradé magique de bleu et de gris, et la terrasse prend alors des airs de radeau à la dérive éclairé par la lumière vacillante des lanternes de son équipage. Ajoutez à cela des cocktails somptueux accompagnés de tapas de la mer haut de gamme, et vous avez là l'un des lieux les plus enchanteurs de la côte.

**Via G. Capriglione, 138, Praiano • ☎ 089 87 42 03 • www.lefioriere.it • T.l.j. 18h-minuit • Cocktails : 10-15 €.**

## BUCA DI BACCO

***Bar*** (45) **Plan p. 108**

Sous une grande pergola, la terrasse de Buca di Bacco est idéale pour un apéritif face à la mer, les pieds à quelques mètres du sable gris de la Spiaggia Grande. À condition toutefois de ne pas craindre la foule de touristes, qui vient ici déguster de délicieux cocktails à base d'asti spumante (10 €), des spritz (8 €) et des Martini-dry façon Ernest Hemingway. On peut aussi commander son verre directement au bar et le siroter sur de hauts tabourets près de la plage, et poursuivre la soirée à la table réputée du restaurant à l'étage.

**Via del Brigantino, 35, Positano • ☎ 089 81 20 76 • www.bucadibaccolapergola.com • www.bucapositano.it • T.l.j. 11h45-22h30.**

## MUSIC ON THE ROCKS

***Club*** (46) **Plan p. 108**

À l'extrémité est de la Spiaggia Grande, creusé dans les entrailles de la falaise, Music on the Rocks est le club le plus célèbre de toute la côte amalfitaine. Lumières bleues et roses, fauteuils blancs, boules disco géantes, etc. c'est le royaume de la frime et de la fête, où les *beautiful people* se pressent pour des concerts, des soirées à thème et des sessions DJ jusqu'au bout de la nuit.

**Via Grotte dell'Incanto, 51, Spiaggia Grande, Positano • ☎ 333 656 52 69 (mob.) • www.musicontherocks.it • Avr.-oct. : t.l.j. 23h-5h • Résa conseillée juil.-août • Entrée gratuite, 1 conso obligatoire (env. 10 €).**

## AFRICANA FAMOUS CLUB

***Club*** (47) **Plan p. 108**

C'est l'une des boîtes les plus réputées de la *Costiera*, avec son ambiance chic et son style paillettes. Amateur de lieux underground, passez votre chemin ! Installé dans une grotte de près de 800 m² creusée dans la roche et perchée au-dessus de la mer, ce club propose de grandes fêtes tous les soirs d'été et les week-ends hors saison. Les soirées à thème alternent avec les mix de DJ internationaux ou les shows divers. Musique très généraliste et prix élevés.

**Via Terramare, 2, Praiano • ☎ 089 87 48 58 • www.africanafamousclub.com • En été : dim.-jeu. 21h-3h, ven.-sam. 21h-5h ; le reste de l'année : ven.-sam. 21h-5h ; consultez leur page Facebook pour connaître la programmation • Entrée : 15-25 € • Service de navettes sur toute la côte, voiturier et yacht.**

## BABEL WINE BAR DELI & ART

***Bar à vins*** ㊽ **Plan p. 108**

Bar à vins, bistrot et galerie d'art, Babel cultive sa différence dans une Ravello parfois aussi lisse que ses vieilles pierres. Nicola Esposito a le goût des belles et des bonnes choses, de la céramique d'art signée par quelques grands noms italiens – on aime beaucoup les ânes multicolores de Sasà Sorrentino et les jarres de Bruno Gambone – et des grands vins de Campanie, comme le Getis de Costa d'Amalfi ou le Calpazio de Salerne, des petites productions à découvrir en musique !

Via Santissima Trinità, 13, Ravello • ☎ 089 858 62 15 • T.l.j. 11h30-15h30 et 18h30-22h • Vin au verre : 4-6 €.

Babel Wine Bar Deli & Art

# EN DEHORS DES QUARTIERS DE VISITE

## PALAPARTENOPE

***Concerts*** ㊾ **Hors pl. par A5**

Cette tente qui ressemble à un chapiteau de cirque peut accueillir 3 300 personnes assises et plus de 7 500 debout. À l'écart de la ville, à côté du parc de jeux Edenlandia, à Fuorigrotta, c'est là que se déroulent en général les concerts à grande échelle et que les stars de la chanson italienne et internationale viennent se produire. Seul hic, il faut une voiture pour s'y rendre.

Via Barbagallo, 115 • M° Campi Flegrei • ☎ 081 570 00 08 • www.palapartenope.it

## OFFICINA 99

***Concerts*** ㊿ **Hors pl. par F2**

C'est le plus ancien et le plus dynamique des centres sociaux occupés qui existent dans la ville. Situé dans la zone industrielle orientale, accessible en métro, ce local autogéré est un peu la vitrine de la création culturelle locale. De nombreux groupes locaux, inconnus ou confirmés, s'y produisent.

Via Emanuele Gianturco, 101 • M° Gianturco • www.officina99.org • Ouv. le soir à l'occasion de concerts ou de manifestations.

# Boutiques

## PAR QUARTIER

# À SAVOIR

## LES QUARTIERS

La **via Toledo,** en partie piétonne, concentre la plupart des **grandes marques internationales.** Dans le cœur historique, autour de **Spaccanapoli** et de la **via dei Tribunali,** vous trouverez **commerces de bouche, artisans** et **créateurs.** Les **boutiques de luxe** sont situées autour de la **piazza dei Martiri.** Pour les **antiquités,** cap sur la **via Morelli** et la **via Santa Maria di Costantinopoli.**

## HORAIRES

Les commerces ouvrent généralement **du lundi au samedi** de 10h à 13h30 ou 14h et de 16h30 à 19h ou 20h. Ils ferment le **dimanche,** le **lundi matin en hiver** et le **samedi après-midi en été,** à l'exception des grandes chaînes. Les petites boutiques de la zone Spaccanapoli et de la via dei Tribunali sont fermées le samedi après-midi toute l'année.
La plupart des commerces prennent leurs **congés en août,** entre deux semaines et un mois.
**En mai et pendant les fêtes de Noël,** les magasins de San Gregorio Armeno et Spaccanapoli sont **ouverts le samedi et le dimanche.**

## PRIX/BUDGET

Les **cartes de paiement** sont acceptées dans la plupart des boutiques. Sur place, vous verrez sur les vitrines des magasins l'acceptant un autocollant *Carta sì.* Cependant, les petits artisans préfèrent les règlements en espèces.

## CONTREFAÇONS

La vente d'articles de contrefaçon, faux articles de mode ou de luxe, est une pratique courante à Naples, notamment sur la **via Toledo** ou sur le **front de mer.** Ceux qui en achètent s'exposent à une amende de 10 000 € en Italie, et plus en France....

## TAILLES ET POINTURES ITALIENNES

Les tailles italiennes sont différentes des tailles françaises. Il faut ajouter 4 pour les vêtements (un 38 français équivaut à un 42 italien) et soustraire 1 pour les chaussures (un 39 français équivaut à un 38 italien).

## SE REPÉRER

Chaque adresse de boutique est associée à une pastille rouge numérotée.
Vous retrouverez toutes les adresses positionnées sur le plan détachable.

# LES COUPS DE CŒUR
## de notre auteur

**Naples dispose d'une foule d'épiceries où se ravitailler, mais accueille également un vaste réseau d'artisans. Côté mode, la tendance est à la couleur et à la légèreté, on y trouve encore beaucoup de boutiques indépendantes. L'auteur vous dévoile ses adresses préférées...**

### OMEGA

Depuis 1923, on fabrique ici des gants en cuir de grande qualité. Pour les plus curieux, il est possible de visiter cet atelier. Voir p. 180.

### CARTHUSIA

Mon adresse préférée pour rapporter un peu des senteurs uniques de Capri. Plusieurs adresses dans les villes du golfe. Voir p. 183 et 198.

Carthusia à Capri

Antica Sartoria

## ENOTECA DEL CENTRO STORICO

Pour repartir les valises pleines... de vins du Vésuve ! Voir p. 184.

## CILENTO & FRATELLO

Pour rapporter un peu de classe italienne. Voir p. 192.

## FATTORIA TERRANUOVA

Huile d'olive bio, *limoncello*, vin ou *passata* maison... je trouve tout ce dont je rêve chez ce producteur. Voir p. 198.

## BIALETTI

Pour faire un bon café italien, il faut être bien équipé. Bialetti est le spécialiste et inventeur de la cafetière moka. Voir p. 199.

## ANTICA SARTORIA

Des vêtements de plage ultra-colorés, pour se sentir en vacances toute l'année. Voir p. 199.

Fattoria Terranuova

## LE QUARTIER DU DUOMO Quartier 1 - p. 24

### OMEGA ♥

***Cuir*** ① Plan H6

Depuis 1923, les Squillace perpétuent la tradition. Leurs gants, en cuir, sont coupés, puis piqués à la main. Pas moins de 15 personnes travaillent sur une paire, qui est l'objet de 25 opérations différentes. Quoi d'étonnant à ce qu'on ait envie d'en acheter une paire de chaque couleur ? Car ces merveilles sont de véritables œuvres d'art... À partir de 25-30 €.
Via Stella, 12 • M° Piazza Cavour • ☎ 081 29 90 41 • www.omegasrl.com • Lun.-ven. 8h30-18h.

### VERSIONE LUCE

***Déco*** ② Plan I7

Les créations éclectiques dévoilées dans la boutique et le showroom sont de toute beauté. Néons et lustres, appliques et globes, des pièces souvent originales signées de designers de toute l'Europe. On trouve son bonheur à partir de 60 €, mais les prix flambent vite.
Via dei Tribunali, 278/279 et showroom juste à côté, via del Duomo, 176 • M° Piazza Cavour • ☎ 081 29 82 75 • www.versioneluce.com • Lun.-sam. 10h-20h.

## LA VIA DEI TRIBUNALI ET SAN LORENZO MAGGIORE Quartier 2 - p. 30

### KIPHY SAPONI

***Savons*** ③ Plan H7

À chaque peau son savon, c'est l'idée de Giuseppina, maître savonnier. Mi-chimiste, mi-artiste, elle donne à ses blocs de savon la couleur et les veinures des marbres les plus précieux. La simplicité des huiles d'olive ou d'amande biologiques, relevées d'huiles essentielles d'orange, de bergamote, de coriandre ou de lavande et de mille autres senteurs méditerranéennes. Pour les peaux sèches et pour les peaux plus grasses : celui à la mandarine ou au citron (3-5 €/100 g).
Vico San Domenico Maggiore, 3 • M° Dante • ☎ 340 284 96 91 (mob.) • www.kiphy.it • Lun.-sam. 10h30-14h et 16h-19h30.

### BOTTEGA 21

***Cuir*** ④ Plan H7

Dans son atelier, Lino perpétue la tradition napolitaine du cuir. Sacs, besaces, pochettes, cartables, portefeuilles, tout est coupé, assemblé et fini sur place comme dans une boutique d'antan. Ses créations - de la pleine fleur de veau - mêlent cuirs lisses et granuleux et marient aussi des couleurs vives. On aime beaucoup

Riccardo Ruggiano

ses pochettes à rabat avec lanière en cuir (à partir de 29 €), ses longs sacs de voyage en cuir très fin (240 €), ses pochettes à tabac (25 €) et ses cartables costauds pour la rentrée (149 €).

Vico San Domenico Maggiore, 21 • M° Dante • ☎ 081 033 55 42 • Lun.-sam. 10h-20h.

## RICCARDO RUGGIANO

***Déco*** ⑤ **Plan H7**

Riccardo Ruggiano est un sculpteur génial. Il puise son inspiration dans la culture napolitaine, quitte à s'en moquer un peu, à l'image de son San Gennaro rouge en liquéfaction permanente (250 €). Les objets du quotidien l'inspirent aussi : boîte à œufs (180 €) en porcelaine sont de vrais objets d'art. À glaner encore : des lampes à huile façon lampe d'Aladdin (30 €) et de superbes masques de la comédie grecque et romaine en latex ou terre cuite.

Via Nilo, 35 • M° Dante • ☎ 081 551 81 25 • www.riccardoruggiano.it • Lun.-sam. 10h-14h et 16h30-20h.

## LA SCARABATTOLA

***Santons*** ⑥ **Plan H7**

La crèche napolitaine façon XVIIIe s. ? Oui, mais la vision artistique et le goût de la provocation en plus. À côté de la Sainte Famille, les frères Scuotto ont imposé les personnages du travesti et du mafioso, célèbres au XVIIIe s. (déjà !), mais bannis par la censure. D'autres encore, comme cette femme nue sortant du bain ou cet enfant noir né de l'union d'une Napolitaine et d'un marine pendant la guerre. Des œuvres uniques (500-550 €) réalisées dans les règles de l'art (terre cuite, fil de fer et étoupe), mais aussi de petites productions en série de Pulcinella et de Monaciello (« le nain malicieux ») entre 20 et 60 €.

Via dei Tribunali, 50 • M° Museo ou Piazza Cavour • ☎ 081 29 17 35 • www.lascarabattola.it • Lun.-ven. 10h30-14h et 15h30-19h30, sam. 10h-18h (nov.-déc. : dim. 10h30-14h).

## LIMONÉ

### *Limoncello* ⑦ Plan H7

Situé en plein cœur du centre historique, ce magasin-laboratoire offre un double avantage. D'une part, il possède un vaste choix de limoncello (liqueur de citron), dans des bouteilles aux formes amusantes (12,50 € les 50 cl), mais en plus vous aurez droit à une visite guidée (3 €) du laboratoire où l'on vous fera découvrir les secrets de fabrication.

**Piazza San Gaetano, 72 • M° Museo ou Piazza Cavour • ☎ 081 29 94 29 • www.limoncellodinapoli.it • T.l.j. 11h-20h30.**

## GIUSEPPE E MARCO FERRIGNO

### *Santons* ⑧ Plan H7

Le maître Giuseppe n'est plus, mais les santons, anges et Pulcinella Ferrigno n'en sont pas moins exposés à New York, Paris, Arles, etc. grâce au talent de son fils Marco, qui écrit la suite de cette saga familiale commencée en 1836. Ce sont de vrais chefs-d'œuvre, nés de la tradition du XVIII<sup>e</sup> s., de la fantaisie et de la technique d'artisans qui travaillent sous vos yeux. Les figurines sublimes (3-500 €), fabriquées en terre cuite, bois, cire et soie, ressuscitent les scènes de la Naples d'antan, aux côtés de personnalités actuelles : la crèche n'est jamais immuable !

**Via San Gregorio Armeno, 8 • M° Museo ou Piazza Cavour • ☎ 081 552 31 48 • www.arteferrigno.it • Lun.-ven. 9h-19h, sam. 9h-17h, dim. 9h-14h (nov.-déc. : t.l.j. 9h-20h).**

## LONDON

### *Mode urbaine* ⑨ Plan H7

En plein centre historique, une curiosité que cette boutique multimarque branchée tendances urbaine et sportswear. Elle fait valser les étiquettes européennes et américaines : Levi's, Adidas, Klinge, The North Face.
Trois grandes salles, dont une pour les chaussures et les sneakers.

**Via Nilo, 33 • M° Dante • ☎ 081 542 20 22 • www.londonstore.it • Lun.-sam. 10h-20h.**

## DI VIRGILIO

### *Santons* ⑩ Plan H7

Les innombrables santons et crèches de style XVIII<sup>e</sup> s. proviennent de l'atelier familial, créé en 1840, ou d'autres excellents artisans de la région. D'une facture remarquable, les ***pastori*** de 4 cm sont les plus expressifs de tous, mais, attention, leur petite taille ne veut pas dire qu'ils sont moins chers, comptez 10-20 €. Accompagnez-les de miniatures, des paniers minuscules regorgeant de victuailles, en cire de préférence (4-10 €).

**Via San Gregorio Armeno, 18 et 43 • M° Museo ou Piazza Cavour • ☎ 081 552 40 64 • www.divirgilioart.com • Lun.-sam. 9h-19h, dim. 10h-14h.**

# SPACCANAPOLI ET SANTA CHIARA Quartier 3 - p. 36

## CENTRALE DEL CAFFÈ

***Café et cafetières*** ⑪ **Plan H7**

Cette boutique a fait du café un art de vivre. On peut y déguster un *espresso* ou un cappuccino accompagné de quelques pâtisseries, mais on y trouve surtout un délicieux café, savamment sélectionné et torréfié sur place. Joli choix de cafetières (à partir de 14 €) pour tenter de rapporter ce savoir-faire très napolitain chez vous.

Via Benedetto Croce, 16 • M° Dante • ☎ 081 551 52 99 • www.centraledelcaffe.it • T.l.j. 7h30-21h (2h sam.).

## CARTHUSIA ♥

***Parfums*** ⑫ **Plan H7**

Cette boutique de parfums conçus à Capri est présente dans plusieurs villes du golfe de Naples. Dans celle-ci, installée sur la jolie place San Domenico Maggiore, on trouve toutes les fragrances qui ont fait la réputation de la

Centrale del Caffè

maison, comme l'*Aria di Capri*, le *Gelsomini di Capri* ou le *Capri Forget Me Not* (80 € les 100 ml, 22 € les 25 ml). Également, des parfums d'intérieur et une gamme de soins de beauté et cosmétiques. L'adresse idéale pour rapporter quelques senteurs méditerranéennes et un parfum de vacances.

**Piazza S. Domenico Maggiore, 14 • M° Dante • ☎ 081 552 01 08 • www.carthusia.it • Lun.-dim. 10h-19h30.**

## MELINOI ET LA COMPAGNIE CHINOISE

***Mode femme*** ⑬ **Plan H7**

Le nom un peu bizarre ne doit pas égarer : aucune chinoiserie dans ce magasin, qui est l'une des rares boutiques de mode intéressantes du centre historique. Ne vous fiez pas à la vitrine, vous trouverez à l'intérieur de nombreux modèles italiens, français, espagnols et belges. En particulier des robes, ensembles et pantalons de Transit, Dixie et bien d'autres encore. Entre 60 et 300 € la robe.

**Via Benedetto Croce, 34 • M° Dante • ☎ 081 552 12 04 • Lun.-sam. 10h-14h et 16h-20h.**

## CALDIERI

***Cuir*** ⑭ **Plan H-I8**

De l'utilitaire au bibelot décoratif, cet artisan maroquinier découpe, colle, façonne et coud toutes sortes d'objets en cuir. Carnets intimes, pots à crayons, sous-main, albums photos, mais aussi barrettes, bracelets, bijoux fantaisie, portefeuilles (15-25 €), sacs et sacoches de toutes tailles sont exposés dans cette petite boutique-atelier. Si vous ne dénichez pas le modèle de vos rêves, Giuseppe Caldieri se propose de réaliser vos créations.

**Via A. Tari, 26 • M° Dante • ☎ 338 227 47 61 (mob.) • www.bottegacaldieri.it • Lun.-ven. 9h30-13h30 et 16h-19h, sam. 10h-13h30 et l'apr.-m. sur r.-v. (f. juil.-août).**

## ENOTECA DEL CENTRO STORICO

***Cave à vins*** ⑮ **Plan G8**

Un emplacement de choix pour cette cave à vins qui, malgré son exiguïté, abrite un nombre impressionnant d'étiquettes. Toutes les régions de la péninsule sont représentées. Les vins italiens sont classés en trois catégories : DOCG (Denominazione di Origine Controllata e Garantita) la plus prestigieuse ; DOC (Denominazione di Origine Controllata) et IGT (Indicazione Geografica Tipica).

**Calata Trinità Maggiore, 48 • M° Dante • ☎ 081 191 75 980 • Lun.-sam. 10h-2h, dim. 10h-15h et 18h-2h • Verre de vin : 1,50 €.**

## DE LUCA DESIGN

***Déco*** ⑯ **Plan G7**

Cette boutique claire et vaste mêle grands noms du design européen (Kartell, Marimekko au rayon linge de maison, mobilier,

# Nos boutiques GOURMANDES

**Pâtes du Gragnano, limoncello de Sorrento, *mozzarella di bufala*, aglianico de la côte amalfitaine, café : la région est propice aux achats gourmands. Voici nos meilleures adresses.**

## CENTRALE DEL CAFFÈ

La maison torréfie son café sur place et propose de jolies cafetières italiennes. Voir p. 183.

## FATTORIA TERRANUOVA

Ce producteur des hauteurs de Sorrento propose une infinité de produits gourmands. Voir p. 198.

## GAY ODIN

Poussez la porte de cette chocolaterie au décor Art nouveau, vous ne serez pas déçu ! Voir p. 187.

## DI MARTINO PASTA STORE

Amateur de pâtes, vous êtes ici chez vous ! Les diverses formes se déclinent en version AOP Gragnano, complètes ou bio. Voir p. 188.

Fattoria Terranuova

## ENOTECA DEL BORGO ANTICO

Pour découvrir le falanghina d'Ischia ou la liqueur de mandarine. Très grand choix de vins de Campanie. Voir p. 198.

vaisselle) et de différents créateurs italiens de renom. Vous y trouverez notamment les marques Italesse ou Paola C. et ses beaux verres soufflés de couleur : 30 € pièce, 70 € la carafe.

Via Cisterna dell'Olio, 5/B
• M° Dante • ☎ 081 552 03 82
• www.delucadesign.it
• Lun.-sam. 10h-13h30 et 16h-19h30.

## NILO MUSEUM SHOP

***Souvenirs*** ⑰ **Plan H7**

Ici, des idées-cadeaux de qualité toutes inspirées par Naples. Vous rêvez des mosaïques des villas pompéiennes ? Ramenez-les sous forme de tee-shirt (12,50-28 €) ! Plus cher, mais d'un bel effet, les copies en marbre de célèbres

sculptures (45-600 € !). Plus légers – et plus utiles –, des mugs Vésuve façon Andy Warhol (12 €), des carnets Pompéi et Paestum (10 €), des sets de table, des livres d'art, quelques guides thématiques en anglais, une bonne sélection de DVD historiques (VOST), etc. Ne manquez pas les reproductions des photos des frères Alinari (55 €) qui, dans les années 1850, peu après l'invention de la photographie, réalisèrent 250 000 clichés documentaires de Naples et sa région, des vues du port, du Vésuve...

**Largo Corpo di Napoli, 3 • M° Dante • ☎ 389 119 41 69 • Hiver : t.l.j. 10h-20h ; été : lun.-jeu. 9h30-1h, ven.-dim. 9h30-2h.**

## DE LA PIAZZA BELLINI AU MUSÉE ARCHÉOLOGIQUE

Quartier 4 - p. 40

### BLU TASMANIA

***Cuir*** (18) **Plan G-H7**

Une multitude de sacs en cuir souples et confortables, de toutes les formes et couleurs possibles. Le tout à prix très doux. Pochettes dès 12 €, larges besaces à partir de 60 €, sandales, ballerines et bottines féminines à souhait. Le tout fait en Italie.

**Via San Sebastiano, 56 • M° Dante • ☎ 081 29 29 24 • Lun.-sam. 9h30-14h et 16h-20h.**

### SCAGLIOLA

***Gastronomie*** (19) **Plan G-H7**

Un microbar avec une boutique aux allures de caverne d'Ali Baba. On y trouve des délices salées (vinaigres, huiles, sauces) et sucrées (babas

au rhum, miels, chocolats) et des alcools à profusion. Côté vins, des lacryma-christi, bien sûr, mais aussi des Taurasi de belle tenue.
**Via San Pietro a Maiella, 15 • M° Dante • ☎ 081 45 96 96 • Lun.-sam. 8h-minuit, f. dim.**

## OBLOMOVA

***Mode et musique*** ⑳ **Plan H7**

Qu'il s'agisse de mailles ou de musique, ici on défend les petits créateurs soucieux de qualité et de production éthique. En bas, Claire propose une mode jeune, créative et colorée de créateurs napolitains, comme les habits de Chiara Perrot. En haut, Fabio propose une sélection pointue d'artistes jazz, rock et pop, signés sur des labels indépendants.
**Via San Sebastiano, 20 • M° Dante • ☎ 081 442 08 55 • Facebook : Oblomova • Lun.-sam. 10h-14h et 16h-20h.**

## CAFFÈ MEXICO

***Café*** ㉑ **Plan G7**

Le secret du succès de ce bar s'explique sans doute par le fait qu'ici on s'occupe aussi de la torréfaction. C'est pourquoi on y trouve les ***miscele*** (mélanges) les plus variés, des plus communs aux plus recherchés, avec le Vesuvio à 23 €/kg. Une bonne idée-cadeau !
**Piazza Dante, 86 • M° Dante • ☎ 081 549 93 30 • Lun.-ven. 6h30-20h30, sam. 6h30-21h (f. 2 semaines en août).**

## GAY ODIN

***Chocolats*** ㉒ **Plan G7**

Il était une fois un pâtissier, Isidoro Odin, qui prit pour épouse sa collaboratrice, Onorina Gay. Ils vécurent heureux et, de ce mariage, naquit une des plus anciennes chocolateries de Naples. Depuis, la fable continue, et il suffit de poser son regard sur les vitrines Art nouveau et sur les boiseries pour s'en convaincre... Le produit phare est le chocolat à l'orange, absolument délicieux (7 € la tablette). Également, des adresses via Vittoria Colonna, 15/B (C4, M° Piazza Amedeo, ☎ 081 41 82 82), via Toledo, 214 (D4, M° Toledo), via Luca Giordano, 21/A et via Cilea, 189 (B4, M° Quattro Giornate).
**Via Toledo, 427 • M° Dante • ☎ 081 551 34 91 • www.gay-odin.it • Lun.-sam. 9h30-20h, dim. 10h-14h.**

# LE CENTRE MONUMENTAL Quartier 6 - p. 50

## MAX MARA

***Mode femme*** ㉓ **Plan D4**

Connue dans le monde entier, la ligne Max Mara, classique et élégante, s'enrichit aujourd'hui des tendances mode de Sportmax et Weekend Max Mara ainsi que d'accessoires (lunettes, maroquinerie, chaussures).

Dans cette boutique bien située, spacieuse, claire et chic, vous pourrez compter sur l'aide de vendeuses disponibles, souriantes et efficaces ; ce qui n'est pas monnaie courante à Naples. Entre la veste en laine angora (à partir de 340 €) et les foulards (à partir de 65 €), faites vos jeux…
**Piazza Trieste e Trento, 51 • Funiculaire C. V. Emanuele • ☎ 081 40 62 42 • Lun.-sam. 10h-20h, dim. 10h-14h et 16h-20h.**

## DI MARTINO PASTA STORE

***Pâtes*** ㉔ **Plan D4**

Giuseppe Di Martino est une marque de pâtes du Gragnano reconnue, utilisée par les plus grands chefs italiens. Dans sa boutique colorée, qui joue à fond la carte de l'esthétique dolce vita, vous trouverez toutes les sortes de *pasta* dans des versions classiques, bio ou complètes. Si vous cherchez les plus typiques de Naples, optez pour les *paccheri* ! Les prix sont très raisonnables,

Di Martino Pasta Store

pour une qualité irréprochable. Une autre boutique est présente à l'aéroport, mais elle est plus chère !
**Piazza Municipio, 1 • M° Municipio • ☎ 081 184 96 287 • www.pastadimartino.com • Lun. 10h30-18h30, mar.-sam. 9h30-21h, dim. 9h30-19h • 1,20 € les 500 g pour les normales, 1,50 € pour les bio ou les complètes.**

# LA VIA TOLEDO ET LES QUARTIERI SPAGNOLI Quartier 7 - p. 58

## CERAMICHE DI VIETRI DI FASANO ROSARIO

***Céramiques*** ㉕ **Plan G8**

Pas eu le temps d'aller sur la côte amalfitaine ? Cette boutique vous permettra de trouver quelques belles pièces de céramique, toutes fabriquées à Vietri sul Mare et entièrement peintes à la main. Grand choix de vaisselle colorée et d'objets divers pour la cuisine, des assiettes peintes de fruits ou de corail (8 €) aux grands plats à pizza (22 €), en passant par de jolis flacons à huile d'olive (26 €) ou d'ingénieux « doseurs » à spaghettis. Une

belle touche de couleur dans votre vaisselier ! Quelques pièces décoratives pour la maison, comme des pots de fleurs, des vases ou des horloges.
**Via Monteoliveto, 8 • M° Dante • ☎ 081 578 69 24 • www.ceramichedivietri.com • Lun.-sam. 9h30-19h30.**

## SPINA

***Ustensiles*** ㉖ **Plan G8**

C'est le royaume de la ménagère napolitaine depuis près de... 150 ans ! Du cuiseur à pâtes à la cafetière, en passant par la râpe à parmesan, les sauteuses et la machine à pâtes fraîches, tous les ustensiles de la cuisine italienne s'entassent ici dans un joyeux bazar où seul Armando, le dernier des Spina, est capable de se repérer. Pour retrouver le bon goût du café, n'oubliez pas votre cafetière italienne (10-60 €) : en aluminium ou en Inox, familiale ou individuelle, Spina en propose de toutes sortes.
**Via Pignasecca, 62 • M° Dante ou Montesanto • ☎ 081 552 48 18 • Lun. apr.-m.-sam. mat. 10h-14h et 16h-20h (f. 2e et 3e semaines d'août).**

## NAPOLIMANIA

***Souvenirs*** ㉗ **Plan D4**

Les « Napolimaniaques » peuvent acquérir, en souvenir, quelques remèdes d'urgence : une boîte contenant de l'air de Naples pour 6 € ou le kit de survie du Napolitain à l'étranger qui contient 250 g de café, une vraie cafetière napolitaine (la *machinetta*), et de l'eau de Naples, la seule permettant de faire du bon café ! Montres et tee-shirts (15 €), avec proverbes en dialecte, complètent la panoplie des nostalgiques.
**Via Toledo, 312 • M° Toledo • ☎ 081 40 76 21 • www.napolimania.com • Lun.-sam. 10h-13h45 et 16h30-20h.**

## RUSSO GABRIELE

***Gastronomie*** ㉘ **Plan G8**

Depuis 1947, cette échoppe de poche, remplie du sol au plafond, propose des produits de qualité à des prix défiant toute concurrence. Le *provolone* s'affiche de 13,30 à 31,90 € le kilo, le pecorino de 14,50 à 30 €. Large choix de pâtes artisanales (de la marque Setaro, notamment), bocaux de légumes et douceurs venues de Sorrento. Accueil charmant.
**Piazza Pignasecca, 1 • M° Dante • ☎ 081 551 80 42 • Lun.-sam. 8h-20h.**

## LEONETTI GIOCATTOLI DAL 1898

***Jouets*** ㉙ **Plan D4**

Fondée en 1898, cette enseigne centenaire destinée, comme elle le proclame, aux grands et aux petits, regorge de jouets plus alléchants les uns que les autres. Puzzles, trains en bois, déguisements de toutes sortes, grosses peluches qu'on a envie de prendre dans ses bras, jouets plus classiques comme les dernières créations de Playmobil® ou de Lego®, etc, Leonetti Ciro a une

Mercatino di Antignano

longue expérience derrière lui... Également, une adresse via F. Crispi, 82 (B4/C4, M° Piazza Amedeo, ☎ 081 66 90 09).

Via Toledo, 350/351 • M° Toledo • ☎ 081 41 27 65 • Lun.-sam. 10h-20h, dim. 10h30-14h.

## LE VOMERO ET LA CERTOSA DI SAN MARTINO Quartier 8 - p. 64

### GALLUCCI

***Chocolats*** ㉚ **Plan C3**

Le magasin-laboratoire se transforme, à Noël et à Pâques, en maison de chocolat. Si vous n'avez plus assez de place dans votre valise pour emporter les cloches et les œufs, il vous sera toujours possible de déguster sur place la ***foresta*** : délicieuse bûche de chocolat en version mini ou maxi (30 €/kg). Également, une adresse via Cisterna dell'Olio, 6 (G8, M° Dante ☎ 081 551 31 48, lun.-sam. 8h-20h, dim. 8h-14h).

Via G. Bernini, 100 • M° Vanvitelli • ☎ 081 049 16 66 • Lun.-sam. 9h30-20h.

### MERCATINO DI ANTIGNANO

***Marché*** ㉛ **Plan B3**

Ce marché populaire du Vomero est l'un des plus connus de Naples pour ses bonnes affaires. On y trouve des vêtements, des chaussures, des bijoux, des sacs, des parfums, des tissus, des ustensiles de cuisine, à des prix défiant toute concurrence.

Pour faire des affaires, venez tôt et n'ayez pas peur de plonger dans la mêlée.
**Plazza Antignano • M° Quattro Giornate • Lun.-sam. 8h-13h.**

## LA CITTÀ DEL SOLE

***Jouets*** ㉜ **Plan C3**

Dès l'entrée, le regard embrasse un monde serein fait de jouets en bois comme on les aime à tout âge. Ils ne sont pas seulement décoratifs, mais également éducatifs, organisés par âges et domaines. Pour les plus grands, les « archéo-puzzles » (à partir de 15 €) sont une incroyable trouvaille qui les ravira.
**Via M. Kerbaker, 46 • M° Vanvitelli • ☎ 081 578 14 80 • www.cittadelsole.com • Lun.-sam. 9h30-13h30 et 16h30-20h.**

## GENNARO BOTTONE

***Chocolats*** ㉝ **Plan C3**

Vous voici dans le royaume du chocolat, l'une des grandes spécialités de Naples. Les truffes de cette boutique traditionnelle fondent dans la bouche, bien disposées dans des boîtes qui sont des œuvres d'art à elles seules. Pour les amateurs, une visite de l'atelier (via P. Castellino, 132, HP par B2, M° Rione Alto) sous la houlette du chocolatier G. Bottone est possible, histoire de prolonger la dégustation. Également une adresse via Gennaro Serra, 78 (D4, M° Toledo).
**Via G. Bonito, 2 • M° Vanvitelli • ☎ 081 420 30 90 • www.gennarobottone.it • Lun.-sam. 9h30-20h, dim. 9h30-14h (f. dim. juin-oct. ; f. mi-juil. à août).**

# CHIAIA ET LE LUNGOMARE Quartier 9 - p. 70

## ARSENIO MUSIELLO

***Gastronomie*** ㉞ **Plan D4**

Dans le décor de cette ***salumeria*** de San Ferdinando, Arsenio Musiello semble sorti d'un film des années 1950, avec sa moustache grise et généreuse, son ventre rebondi et sa voix forte... Huiles d'olive DOP de Sorrento (10 €/l), *salami* et *salsiccie* (saucisses) d'Agerola (22 €/kg), *pasta* Setaro de Torre Annunziata (3,40 €/kg), *mozzarella di bufala* (14 €/kg) ou pecorino, vous trouverez ici le meilleur de la gastronomie de Campanie.
**Via Giovanni Nicotera, 85 • M° Piazza Amedeo • ☎ 081 41 73 85 • Lun.-sam. 8h-14h15 et 16h30-20h30, dim. 8h-14h15.**

## ARFÉ

***Gastronomie*** ㉟ **Plan C4**

Arfé est le Fauchon napolitain, le top de la qualité. Côté fromages, la *provola*, les fromages frais de la péninsule sorrentine, les *pecorini* (brebis) du Matese et, bien entendu, la mozzarella sont tout simplement fabuleux. Les plats cuisinés à emporter (3,90-

4,90 €), comme les poissons fumés (anguille, esturgeon), sont une tentation insupportable. Inutile d'essayer d'y résister !
**Via S. Teresa a Chiaia, 45 • M° Piazza Amedeo • ☎ 081 41 18 22 • Lun.-sam. 8h-13h45 et 16h30-20h.**

## CIRO RICCI : SANDALI

***Chaussures*** ㊱ **Plan C4**

Jackie Kennedy avait un faible pour cette minuscule échoppe qui fait aussi cordonnerie. La famille Ricci y fabrique des sandales à la main et sur mesure depuis plus de 50 ans. En quatre jours, vous pouvez avoir votre paire (65-200 €). Le modèle Caprese, très ouvert, à talons plats, type sandales romaines, est sans doute l'un des plus séduisants.
**Vico Belledonne a Chiaia, 23 • M° Piazza Amedeo • ☎ 081 41 46 98 • Lun. 16h-20h, mar.-ven. 9h-13h et 16h-19h30, sam. 17h-19h30.**

## CILENTO & FRATELLO ♥

***Mode homme*** ㊲ **Plan C5**

Le royaume des étoffes de superbe qualité : soie, coton grand luxe, cachemire. Pour s'offrir un plaisir luxueux, deux essayages à quatre jours d'intervalle permettront à ces messieurs de se faire coudre une chemise sur mesure, avec initiales brodées (env. 280 €). Et pour un costume, comptez trois essayages sur une durée de 15 jours, le résultat sera prêt un mois plus tard. Côté prêt-à-porter, sélection de polos en coton peigné et beaux pulls, chaussures de grande classe. Expéditions possibles.
**Via Riviera di Chiaia, 203/204 • M° Piazza Amedeo • ☎ 081 55 13 363 • www.cilento1780.it • Lun.-sam. 10h-13h30 et 15h45-20h.**

## MERCATO GOURMEET

***Gastronomie*** ㊳ **Plan C4**

Le Mercato Gourmeet, c'est un peu le temple des gastronomes. Imaginez... Les meilleures *pasta di gragnano* – ne manquez pas le conditionnement en paquet de 1 m, 10 €/kg –, un rayon charcuterie réunissant d'excellents jambons crus de Parme, bresaola, speck, un rayon de fromages italiens à faire tourner la tête, un banc de poissons et une boulangerie géniale proposant des *pizze al taglio* ; sans oublier une cave à rendre Bacchus envieux et une cafétéria chic où manger sur le pouce... Bref, le bonheur !
**Via Alabardieri, 8-11 • M° Piazza Amedeo ou Toledo • ☎ 081 794 41 31 • www.gourmeet.it • Lun.-jeu. 8h30-21h30, ven.-sam. 8h-22h.**

## ALESSANDRA AVALLONE

***Bijoux*** ㊴ **Plan D4**

Colliers, sautoirs, boucles d'oreille, cette créatrice signe des bijoux fantaisie composés de métal et de cristal Swarovski. Un festival de couleurs vives : jaune, rouge, bleu pétard, ou de dorures. Également, une jolie collection destinée aux futures mariées, aux tons plus sobres... Bracelets de 12 à 40 €.

# Notre top des SOUVENIRS NAPOLITAINS

**Si l'art de la crèche est l'artisanat le plus réputé de Naples, il n'est pas le seul. Prenez le temps de flâner dans les ruelles du centre pour découvrir tous les fascinants métiers qui s'y exercent et trouver la perle rare.**

### RICCARDO RUGGIANO

Un artiste de la céramique. Ses masques grecs sont saisissants.
Voir p. 181.

### CERAMICHE DI VIETRI DI FASANO ROSARIO

Leur céramique est peinte de fruits colorés et de coraux. Grand choix de modèles, à utiliser aussi bien à table qu'en déco.
Voir p. 188.

### NILO MUSEUM SHOP

Une boutique de souvenirs qui propose toutes sortes d'objets sympas : mosaïques, photos du vieux Naples, gadgets...
Voir p. 185.

### DI VIRGILIO

L'adresse parfaite pour rapporter un petit *pastore* expressif ou une crèche complète dans vos valises...
Voir p. 182.

Via Chiaia, 178 • M° Piazza Amedeo • ☎ 081 40 24 01 • www.alessandraavallone.com • Lun.-sam. 10h30-13h30 et 16h30-20h.

## E. & G. CAPPELLI

***Cravates*** ㊵ **Plan C4**

Dans une cour intérieure aménagée en jardin, l'atelier-laboratoire de Patrizio est né de ce concept immuable : c'est la bonne confection qui fait la belle cravate (100-150 €), fût-elle en soie précieuse ! Pari tenu pour ces superbes cravates toutes réalisées à la main. La sept plis est irrésistible.

Via Cavallerizza, 37 • M° Piazza Amedeo • ☎ 081 40 01 66 • www.patriziocappelli.it • Lun.-sam. 10h-13h30 et 16h-20h.

## TRAMONTANO

***Maroquinerie*** ㊶ **Plan C4**

Créée en 1865, la marque est restée dans la famille Tramontano jusqu'en 1997. Rien n'a changé depuis pour cette maison qui

Tramontano

compte Woody Allen et Tom Cruise parmi ses fidèles clients. Les sacs, valises et petits accessoires, parmi lesquels le fameux portefeuille Tramontano, sont tous fabriqués avec des matériaux naturels (cuir, mais également bois, bambou et coquillages). La tête de loup travaillée à la main qui orne les ceintures est l'emblème de la marque. Comptez environ 90 € pour un portefeuille ou une ceinture.
**Via Chiaia, 143 • M° Piazza Amedeo • ☎ 081 41 48 37 • www.tramontano.it • T. l. j. 9h45-13h45 et 16h-20h.**

## SIOLA

***Mode enfant*** **42 Plan D4**

Un nom qui se transmet de mère en fille depuis sa création, en 1937. Cette jolie boutique propose différents salons selon le style de vos chers bambins : coin tendre pour les raffinés avec la marque La Stupenderia ; coin tonique pour ceux qui n'ont pas froid aux yeux et se délectent des lignes très colorées de Catimini... De 20 à 800 €.
**Via Chiaia, 111/115 • M° Piazza Amedeo • ☎ 081 41 50 36 • www.siola.it • Lun.-sam. 9h30-20h, dim. 10h-13h et 16h30-20h.**

## MARIANO RUBINACCI

***Mode homme*** **43 Plan C-D4**

Malaparte et De Sica étaient friands de la sobriété de ce tailleur-chemisier qui s'est imposé dans les années 1930. Dans ce magasin labyrinthique, la tradition s'associe à un vaste choix de prêt-à-porter. Deux spécialités valent le détour : les cachemires et les cravates sur mesure (180-220 €).

**Via Chiaia, 149 • M° Piazza Amedeo • ☎ 081 41 57 93 • www.marianorubinacci.net • Lun.-sam. 10h-13h30 et 16h30-20h.**

## L'ERBOLARIO

***Beauté*** ㊹ **Plan D4**

Cette célèbre herboristerie milanaise a conquis le Sud grâce à ses produits de beauté à base de plantes et 100 % naturels. Crèmes hydratantes, eaux purifiantes, huiles nourrissantes, etc., les produits s'adaptent à tous les types de peaux ou de cheveux. La crème pour le corps à l'huile d'argan (21,90 €/250 ml), le masque jeunesse (17,90 €) et le shampoing aux orties (9,90 €/20 ml) sont particulièrement populaires.

**Via Chiaia, 117 • M° Toledo • ☎ 081 420 73 47 • www.erbolario.com • Lun.-sam. 10h-20h, dim. 10h-14h et 16h-20h.**

## AMINA RUBINACCI

***Mode femme*** ㊺ **Plan C5**

La réputation de celle que l'on surnomme, à Paris, la « reine de la maille » n'est plus à faire. Son pull-over *a ostrica*, à côtes avec un col châle qui croise sur le devant, l'a rendue célèbre dans le monde entier. Vous ne trouverez plus ces pulls dans sa boutique, mais un grand choix d'autres pulls en laine et en coton (250-300 €). Vous y découvrirez également de beaux manteaux longs en maille et de nombreuses vestes en laine (500 €). La fille d'Amina, Federica, a créé une ligne enfant de 3 à 16 ans qui privilégie davantage le Stretch.

**Via dei Mille, 16 • M° Piazza Amedeo • ☎ 081 41 30 48 • www.aminarubinacci.it • Lun.-ven. 9h-18h.**

## BLOW UP

***Mode femme*** ㊻ **Plan C4**

Cette boutique propose des créations signées Fabrizio Bacarelli, toutes fabriquées dans la région : des vestes, des robes très courtes (75 €), des pantalons très amples (75-85 €), tous inspirés par les années 1960 et par les motifs psychédéliques, mais le style, lui, n'a rien de baba cool.

**Vico Belledonne a Chiaia, 17 • M° Piazza Amedeo • ☎ 081 41 37 82 • Lun.-sam. 10h-13h30 et 16h30-20h.**

## BLUNAUTA

***Mode femme*** ㊼ **Plan C4**

Impossible de passer devant cette enseigne sans y faire une halte ! Ses vitrines sont une invitation à elles seules et un vrai plaisir pour les yeux. Cette marque phare de la mode italienne, dont les trois boutiques sont à Naples, a la faveur des élégantes italiennes. Elle propose des créations de qualité à prix accessibles : blousons, pulls ou débardeurs (60 €), manteaux (139 €). Les matières ? Un festival d'étoffes nobles : soie, cachemire, coton de haute qualité, pour des

modèles romantiques et chics qui se déploient dans de beaux imprimés et des couleurs vives.
Via Carducci, 28 • M° Piazza Amedeo • ☎ 081 40 52 10 • Lun.-sam. 10h-13h30 et 16h30-20h.

## JOSSA

***Mode homme*** (48) Plan C5

Pour tous les hommes qui aiment s'habiller chic et branché à la fois, ce magasin est une véritable mine d'idées. Sous un superbe plafond orné d'une peinture d'époque, ils essaieront des modèles d'Alberto Aspesi, de Philippe Tressi... Le fin du fin du prêt-à-porter masculin qui conjugue hardiesse et sobriété des lignes. Les plus jeunes choisiront des chemises Jossa (140 €).
Via Carlo Poerio, 43 • M° Piazza Amedeo • ☎ 081 764 98 35 • www.jossa.it • Lun.-ven. 10h-13h30 et 16h30-20h, sam. 10h-14h et 16h30-20h30.

Jossa

## OMBELICO

***Mode femme*** (49) Plan C4

L'une des meilleures adresses pour une mode chic et raffinée. Vous trouverez notamment des robes et tenues de soirée, pour un apéro branché ou une soirée de gala. À partir de 130 € la robe, accessoires autour de 50 €.
Vico Belledonne a Chiaia, 14 • M° Piazza Amedeo • Lun. 16h30-20h, mar.-sam. 10h-13h30 et 16h30-20h.

## STUDIO ROG

***Maroquinerie*** (50) Plan C4

Des sacs aux lignes simples qui mettent en valeur la beauté du cuir. La besace en peau souple dont la forme s'inspire d'un mouchoir plié (250 € celles en toile et peau mélangées ; 300 € celles entièrement en peau) a fait le succès de la maison. Le sac Nina, entièrement personnalisable, est devenu la star du magasin (135 €). Giulio et Rosanna Pane proposent également des vêtements d'excellente qualité. Les marques choisies (Aspesi, Massimo Rebecchi, Fabiana Filippi, Piazza Sempione, Strenesse et Roberto Collina) offrent des modèles simples, classiques et sportifs pour presque toutes les bourses (tailleurs 300-800 €).
Via Carducci, 38 • M° Piazza Amedeo • ☎ 081 41 74 27 • www.studiorog.it • Lun.-sam. 10h-13h30 et 16h30-20h, f. dim.

# MERGELLINA ET LE POSILLIPO Quartier 10 - p. 74

## ANNA MATUOZZO

***Mode homme*** 51 **Plan B5**

L'atelier d'Anna est le temple des esthètes de la chemise. Toutes sont faites main : des chefs-d'œuvre garantis à vie ! Oubliées, la sensation de rigidité du col et la gêne aux emmanchures que procurent les modèles fabriqués en série. C'est la Rolls-Royce de la chemise : munissez-vous de vos mesures (un seul essayage) et laissez votre adresse pour l'expédition.

Viale Gramsci, 26 • M° Mergellina • ☎ 081 66 38 74 • www.annamatuozzo.com • Lun.-sam. 9h-14h et 15h-18h • Prenez r.-v. quelques jours avant.

## MIRLINUM

***Déco*** 52 **Plan B5**

Consacrée aux articles de cuisine et à la décoration d'intérieur (bougeoirs, objets en fer forgé, cadres anciens), cette boutique se décline dans les tons de blanc, de beige et de rose. On sent là la patte féminine de sa propriétaire, qui, forte de son succès au n° 129, de l'autre côté de la rue, a ouvert ici sa seconde enseigne. Prix raisonnables. Elle s'occupe aussi des listes de mariage.

Via Giordano Bruno, 154 • M° Mergellina • ☎ 081 761 39 00 • Lun.-sam. 10h-13h30 et 16h30-20h.

## ISCHIA ET PROCIDA Visite 13 - p. 94

### ENOTECA DEL BORGO ANTICO

***Vins*** (53) Plan p. 94

Une jolie cave située dans la rue principale de Marina Grande. Le lieu rêvé pour découvrir les meilleurs cépages locaux, qui sont bien souvent originaires de la Grèce antique : Falanghina d'Ischia ou des champs Phlégréens, Greco (di Tufo ou d'ailleurs), Aglianico de la DOCG Taurasi ou de la côte amalfitaine, etc. Également de belles bouteilles de limoncello et des liqueurs originaires de Procida.

**Via Vittorio Emanuele, 13, Procida • ☎ 081 896 96 38 • T.l.j. 9h-13h30 et 15h30-21h.**

## CAPRI Visite 14 - p. 98

### CARTHUSIA

***Parfums*** (54) Plan p. 98

C'est un père prieur de la chartreuse de Saint-Jacques qui aurait découvert la magie des eaux parfumées, en 1380. Aujourd'hui, la maison Carthusia perpétue cette tradition et livre des fragrances enchanteresses : *Aria di Capri* (citron, orange, pêche) et *Fiori di Capri* (muguet et œillet, ambre et santal) comptent parmi les parfums les plus prisés. Eau de toilette à 60 € les 50 ml, 80 € les 100 ml.

**Viale Matteotti, 2/d • ☎ 081 83 75 393 • www.carthusia.com • T.l.j. 9h-17h (20h en été).**

## SORRENTO Visite 15 - p. 102

### MEZZOKILO AROMI DI SORRENTO

***Gastronomie*** (55) Plan p. 102

Haut lieu des saveurs artisanales, la petite boutique de Giuseppina vous permettra de vous approvisionner en tomates séchées (2 €/50 g), épices et mélanges d'aromates pour cuisiner des *penne all'arrabbiata* ou des *spaghetti alla matriciana*... Tout ou presque vient de son jardin.

**Via Fuoro, 62A • ☎ 339 265 25 97 • T.l.j. 10h-21h.**

### FATTORIA TERRANUOVA ♥

***Gastronomie*** (56) Plan p. 102

Cette épicerie et boutique gastronomique se distingue par la qualité de ses produits certifiés bio et par son cadre délicieux. Citron de Sorrento, vin naturel (à partir de 5 €), huiles d'olive (6-8 €), pesto

maison, limoncello (8,50 €) ou liqueurs proviennent tous d'une ferme située sur les hauteurs de la péninsule sorrentine, à Sant'Agata sui Due Golfi. N'hésitez surtout pas à pénétrer dans le petit passage à droite du magasin : un divin jardin intérieur aux murs décorés de majolique vous attend. Dégustation de limoncello offerte.
**Piazza Torquato Tasso, 16, Sorrento • ☎ 081 878 12 63 • www.fattoriaterranuova.it • T.l.j. 9h-20h.**

### BIALETTI ♥

***Cafetières*** ㊼ Plan p. 102

La boutique idéale pour ceux qui seront tombés amoureux du café à l'italienne. On y vend la célèbre moka, cafetière en aluminium conçue par Alfonso Bialetti en 1923 (à partir de 15 €). Nombreux modèles, comme la classique Moka Express ou la Brikka, déclinées en différentes couleurs. Une seule constante : la qualité irréprochable d'un matériel reconnu par les amateurs les plus exigeants. Également, de la vaisselle (tasses, cuillères) et quelques gadgets qui peuvent constituer de sympathiques souvenirs.
**Corso Italia, 178, Sorrento • Circumvesuviana Sorrento • ☎ 081 185 15 809 • www.bialetti.com • T.l.j. 10h-20h30 (hiver) et 10h-21h30 (été).**

## LA CÔTE AMALFITAINE Visite 16 - p. 108

### ANTICA SARTORIA BY GIACOMO CINQUE

***Plage*** ㊽ Plan p. 108

Digne représentante de la *Moda Positano*, c'est LA grande enseigne de vêtements de plage de la côte amalfitaine. Du coloré, des coupes larges, des motifs marins ou floraux, des styles bohème ou hippie chic... On y trouve un large choix de chemisiers (à partir de 39 €), de robes (65 €), de foulards (8 €), des sacs de plage, des paréos ou des maillots, mais essentiellement pour femme.
**Piazza dei Mulini, Positano • ☎ 089 510 90 88 • www.anticasartoriapositano.it • T.l.j. 9h-minuit.**

# LE TRAVAIL du cuir

**À la différence de ceux des autres métropoles européennes, le centre historique de Naples a conservé un artisanat vivant. La fabrication d'accessoires en cuir, profitant de la présence d'une solide industrie régionale du tannage des peaux, a une longue tradition de savoir-faire. Il y a une véritable spécialisation des plus anciens quartiers de la ville : la Sanità pour les gants et les chaussures, Montesanto et les Quartiers espagnols pour la maroquinerie...**

Le travail du cuir chez Bottega 21

## Une tradition ancienne

En Italie, Naples est **la patrie du gant en cuir**. Connue dès le XVIIIe s., cette production a pris son véritable essor au début du siècle suivant. La présence de la cour des Bourbons dans la capitale du royaume a contribué au développement de cet article déjà réputé pour sa beauté et sa qualité. Le déclin s'est amorcé dans les années 1970, lorsque le gant est devenu un objet plus utilitaire qu'élégant et que la concurrence mondiale s'est accrue.

## Une fabrication délicate

Une paire de gants, fabriquée de manière artisanale, passe entre les mains d'au moins 15 personnes et fait **l'objet de 25 opérations différentes**, depuis la coupe jusqu'aux finitions. Ces tâches, exécutées essentiellement à la main, sont pour la plupart confiées à des travailleuses à domicile, dans le quartier de la Sanità (D2) ou bien dans les villages de la province de Naples. Il devient de plus en plus difficile de trouver des ouvriers, coupeurs et couturières, très qualifiés. La moyenne d'âge de cette profession est particulièrement élevée, rendant ainsi l'avenir du gant napolitain incertain.

## Les gants d'Omega

L'atelier est situé au 3e étage, au cœur du quartier de la Sanità. Mauro Squillace, patron d'Omega, est l'un des plus jeunes entrepreneurs-gantiers de Naples. Il se fera un plaisir de vous expliquer, en français, **les secrets de la fabrication du gant** qui se transmettent dans sa famille depuis trois générations. Il est connu sur le marché français pour la beauté des peaux qu'il utilise ainsi que pour l'impressionnant éventail de ses coloris. Les gants classiques doublés de soie ou de cachemire sont sa spécialité. C'est un bonheur de voir la minutie de ce travail demeuré totalement artisanal (p. 180).

## La ligne et le confort

**Quelques conseils** sont nécessaires pour acheter une paire de gants. Pour être sûr que la peau soit bien coupée, tirez d'abord le gant dans le sens de la longueur. Il ne doit pas bouger ou presque ; ensuite tirez-le dans la largeur, la peau doit « donner » (cette élasticité est indispensable au confort). Exigez des doublures mitaines. Pour être à l'aise dans vos gants, vérifiez que la doublure soie n'est pas collée à même le cuir, mais qu'elle constitue un vrai gant intérieur enfilé et fixé a posteriori dans le gant de cuir. Pour plus de chaleur et de confort, l'intérieur des doigts doit être doublé.

## Une entreprise particulière

Mario Valentino est le seul grand groupe de l'industrie du cuir en Italie méridionale, pour la chaussure et la maroquinerie. Cette entreprise de renommée mondiale est allée se nicher au fin fond du **quartier populaire de la Sanità**, près du cimetière des Fontanelle. Adossée à la muraille de tuf, cette **usine moderne** s'étend sur trois niveaux et emploie plus de 200 personnes, alors que la taille moyenne des entreprises du secteur ne dépasse pas habituellement 10 ouvriers.

### SACS : VRAIS OU FAUX ?

La fabrication des sacs est l'activité la plus récente de la branche du cuir. Elle s'est développée bien après celle des gants et des chaussures, sans recourir au travail à domicile. Elle est ancrée dans les quartiers les plus populaires de la ville, parfois même dans de minuscules ateliers de fabrication, comme les *bassi*. Les sacs que l'on trouve exposés dans la rue sont, en revanche, tous des faux ! Les réglementations italienne et française sont très strictes ; et les contrôles, fréquents (voir « Contrefaçons » p. 177).

# ORGANISER son week-end

## QUAND PARTIR ?

- Le **printemps** et l'**automne** sont les plus belles saisons pour profiter de Naples. Les **bains de mer** sont possibles de mai à fin octobre.
- En **juillet** et en **août,** la température est un peu étouffante, et les plages sont bondées !
- **Mai** est un mois intéressant à l'occasion de l'**opération « Mai des monuments » :** tous les monuments de la ville sont ouverts gratuitement pendant le week-end.
- **Décembre** est un merveilleux moment pour découvrir une cité tout entière occupée aux préparatifs de Noël, à l'installation des crèches, des santons et à la préparation des pâtisseries.

## FORMALITÉS

Pour les **ressortissants de l'UE**, une **carte d'identité** ou un **passeport** en cours de validité suffit.

### À SAVOIR

Les enfants mineurs doivent posséder leur propre carte d'identité ou passeport. S'ils ne sont pas accompagnés de leurs parents, une autorisation de sortie du territoire est nécessaire. Formulaire à télécharger sur : **www.service-public.fr/particuliers/vosdroits/F1359**

## COMMENT Y ALLER ?

De Paris (Paris-Charles-de-Gaulle et Paris-Orly), il existe des vols réguliers quotidiens avec **Air France**, **Transavia** et **EasyJet**. Ces trois compagnies proposent également des départs de grandes villes de province. Les offres promotionnelles sont fréquentes, il vous suffit de consulter leur site Internet.

**Volotea** programme 1 à 2 vols/sem. vers Naples d'avril à octobre au départ de Bordeaux, Marseille, Nantes et Toulouse.

## BUDGET

La vie à Naples est moins chère qu'en France ou que dans le centre et le nord de l'Italie. En revanche, les hébergements en ville peuvent être chers, ceux sur les îles et la côte amalfitaine sont souvent très chers.

## DANS QUEL QUARTIER SE LOGER ?

- Si vous aimez l'effervescence de la vie napolitaine, on vous conseille de loger vers le **centre historique,** de cette façon vous pourrez tout faire (ou presque) à pied. Pour le calme et la contemplation du golfe, préférez la **ville haute** (corso Vittorio Emanuele ou, encore, le quartier de Posillipo) ou les luxueux hôtels du **front de mer,** face au Castel dell'Ovo, avec le Vésuve pour exceptionnelle toile de fond.

## COMBIEN ÇA COÛTE ?

Ticket de métro : 1,50 €
Course en taxi dans le centre : 10 €
Entrée dans un musée : 5-15 €
Déjeuner sur le pouce : 3,50-10 €
Pizza : 4-10 €
Café au comptoir : 0,70-1 €
Entrée dans un club : 10-40 €
Repas dans un restaurant : 15-45 €

## SE RENSEIGNER

- **www.incampania.com** : cet excellent site en italien et en anglais offre un panorama complet des expositions, concerts et spectacles de toute la région.
- Sur place, le mensuel gratuit ***Qui Napoli*** devrait être le meilleur compagnon de votre séjour, il offre mille informations en italien et en anglais. Pour le consulter avant le départ, il est disponible sur **www.inaples.it**
- **Office national italien de tourisme (ENIT)**
Bureau ouvert au public : lun.-ven. 11h-16h45 ; pour les demandes d'information par mail : infoitalie.paris@enit.it, par courrier au 23, rue de la paix, 75002 Paris.

## ADRESSES

Sachez que la via Toledo (C3-4) est couramment appelée par son ancien nom, via Roma, et que les Napolitains ont coutume de surnommer le corso Umberto I « Rettifilo ». Prenez votre mal en patience pour déceler la logique de la numérotation des rues, souvent fantaisiste.

## RETIRER DE L'ARGENT

- Attention, de nombreux commerces et restaurants n'acceptent que des espèces, même si ils ont un terminal de carte bleue.
- L'Italie étant un pays de la zone euro, vous pouvez y effectuer retraits et paiements par carte aux mêmes conditions tarifaires qu'en France (pas de commission pour les banques).

## POURBOIRE

Le pourboire est facultatif et bienvenu.

## TÉLÉPHONER

- Pour **appeler à Naples depuis la France** : 00 39 + le numéro de votre correspondant avec le 0.
- Pour **téléphoner en France depuis Naples** : 00 33 + le numéro de votre correspondant sans le 0.
- Les frais d'itinérance *(roaming)* ne sont plus facturés par votre opérateur lors de vos voyages au sein de l'Union européenne. Vos communications et votre connexion Internet en Italie sont désormais incluses dans votre forfait. Renseignez-vous auprès de votre opérateur.

- **Pompiers, police, ambulance :** ☎ 112

## ARRIVER À NAPLES

L'aéroport de Capodichino se trouve à 6 km au N. du centre-ville.

| REJOINDRE LE CENTRE-VILLE EN... | PRIX | DURÉE |
|---|---|---|
| **Bus**<br>Alibus<br>Départ devant le hall des arrivées<br>www.anm.it | 5 € | Départ toutes les 20 min t.l.j. 6h30-23h40.<br>Durée du trajet : 15 min (Piazza Garibaldi) et 20 min (Molo Beverello). |
| **Taxi**<br>Les taxis sont à l'extérieur du hall d'arrivée. Évitez les faux taxis, qui eux vous attendent dans le hall. | 16-23 €, selon l'adresse ; 0,50 € par bagage ; 4 € ou 5,50 € selon l'heure de prise en charge. | L'aéroport est dans la ville, les trajets sont souvent brefs, mais cela dépend de la circulation, qui peut être intense. |

## SE DÉPLACER DANS NAPLES

• Le plan des transports est au verso de notre plan détachable •

**Dans le centre de Naples, il est conseillé de circuler à pied et d'utiliser les transports en commun. Réservez l'usage de la voiture à la découverte des environs.**

### LES TRANSPORTS EN COMMUN

La société **ANM** gère deux lignes de métro, le funiculaire, le bus et le tramway.

☎ 800 63 95 25 (n° vert 6h30-20h30), www.anm.it

La ligne de métro historique de la ville (ligne 2), qui circule sur les rails des chemins de fer, est gérée par les **Ferrovie dello Stato**.

www.ferroviedellostato.it

### LE MÉTRO ET LE FUNICULAIRE

Naples compte trois lignes de métro qui couvrent tout le centre-ville (les lignes 1, 2 et 6 ; t.l.j. 6h-23h) et quatre lignes de funiculaire : le **central**, **celui de Montesanto** et **celui de Chiaia** qui mènent au quartier du Vomero, au Castel Sant'Elmo et à la Certosa di San Martino et à la Villa Floridiana ; et le **funiculaire de Mergellina,** qui relie le petit port de plaisance de Mergellina à la via Manzoni.

☎ 800 63 95 25 (n° vert 6h30-20h), www.anm.it

### LES BUS ET LES TRAMWAYS

De nombreuses lignes de bus circulent dans la ville (t.l.j. 5h-23h) ainsi que trois lignes de tramways qui longent la mer. À l'heure où nous rédigeons ce guide, les tramways ne circulent pas à cause de travaux de rénovation de rails. Les **bus nocturnes** (minuit-4h50) sont signalés par un N. Un seul à retenir, le **N3** : qui permet de rejoindre le quartier du Vomero depuis la piazza Garibaldi via le corso Umberto I, la via Monteoliveto, la piazza Dante et la piazza Museo Nazionale.

### LE TAXI

Le taxi est plutôt **bon marché** à Naples. Les tarifs doivent être affichés à l'intérieur des voitures (en italien et en anglais). Vérifiez qu'ils sont indiqués sur le dossier des sièges avant ! Ce n'est pas un hasard si ceux qui les laissent à l'avant ont tendance à arrondir le prix de la course ! N'hésitez pas à contester la somme. La prise en charge s'établit à 3 € le jour (7h-22h) et à 5,50 € la nuit (22h-7h). Pour le reste, il suffit d'ajouter au prix affiché les suppléments réglementaires : bagage 0,50 €, depuis l'aéroport 4 € (5,50 € de 22h à 7h), à destination de l'aéroport 2,60 € et paiement bretelle périphérique 1 €. Pour les radio-taxis, ajoutez 1 € au prix de la course.

Cotana : ☎ 081 570 70 70.
Napoli : ☎ 081 556 44 44.
Partenope : ☎ 081 556 02 02.

### LE VÉLO

Faire une **balade à vélo le long du front de mer** à Naples est très agréable. Location de vélos possible chez **Fox Rent a Bike** :
Via Partenope, 37 • ☎ 081 76 45 060 • www.foxrent.it • 5 € l'heure ; 18 € la journée ; 25 € le vélo électrique.

## LA VOITURE

Circuler dans Naples avec une voiture est **fortement déconseillé**. La ville est très embouteillée et la conduite à la napolitaine est un facteur de risque, si vous décidez de conduire ne vous laissez pas gagner par l'ambiance général de non-respect du Code de la route.

| TITRES DE TRANSPORT MODE D'EMPLOI | |
|---|---|
| **TIC Ticket (90 min)** | Il permet de voyager sur les réseaux de bus, tram, funiculaires et métros : 1,50 €. |
| **TIC Ticket (24h)** | Il permet de voyager sur les réseaux de bus, tram, funiculaires et métros : 4,50 €. |
| **TIC Ticket (1 semaine)** | Il permet de voyager sur les réseaux de bus, tram, funiculaires et métros : 15,80 €. |

## LA VOITURE

Pour découvrir les environs de Naples en toute indépendance, la location de voiture peut être une option, bien que la circulation soit plutôt dense ! Pour éviter les embouteillages à la sortie de la ville, partez avant 8h ou après 11h, évitez le vendredi et le samedi soir, et ne vous précipitez pas sur la côte le dimanche...

## LES TRAINS

Il existe trois types de train : le *circumvesuviana*, qui dessert les villes autour du Vésuve et de la côte sorrentine ; le *circumflegrea*, qui se rend vers Cuma et les villes de l'arrière-pays, et le *cumana* ; qui se rend du côté de Pozzuoli. Le train *accelerato*, un omnibus, est le plus lent de tous ; mieux vaut donc choisir un *diretto* ou un *direttissimo*. Les trains fonctionnent t.l.j. de 5h à 21h40. Le prix du billet varie en fonction de votre destination.

**Rens. et horaires : www.eavsrl.it**

## EN BATEAU

Pour les **îles** ou **Sorrento,** vous avez le choix entre l'*aliscafo* ou le *traghetto*. Ce dernier a l'avantage d'avoir des places assises dehors (le pont des *aliscafi* est interdit aux passagers). *Aliscafi* et *traghetti* partent du **port de Molo Beverello** (Plan D4), certains *traghetti* de **Calata Porta di Massa** (Plan E3-4). Le **port de Mergellina** (Plan B5) est spécialisé dans les *aliscafi*, et **celui de Pozzuoli** dans les *traghetti* pour Ischia et Procida. Les réservations se font sur place, aux guichets des compagnies ou sur Internet. En été, les bateaux du dimanche sont bondés, mieux vaut réserver quelques jours à l'avance. Les *aliscafi* peuvent facturer un supplément pour les bagages (env. 2 €).

**Horaires sur www.aliscafi.it**
**Alilauro : ☎ 081 497 22 38 • www.alilauro.it • Caremar : ☎ 081 189 66 690 • www.caremar.it • Snav : ☎ 081 42 85 555 • www.snav.it**

## Se baigner

Tout le long de la côte amalfitaine et de la pénisule sorrentine, vous trouverez des plages privées et publiques : sachez que sur les îles la plupart des plages sont gérées par des établissements privés, sauf à Procida, où les plages publiques sont plus nombreuses. À Capri, les sociétés privées offrent des services payants assez chers à la journée ou à la demi-journée. L'une des rares **plages publiques** de Capri se situe à Marina Piccola : à dr. de l'entrée du Stabilimento Balneare Bagni Internazionali, empruntez l'escalier jusqu'à une petite plage de galets.

| ON VA OÙ ? | S'Y RENDRE | SE DÉPLACER |
|---|---|---|
| Ischia | ◗ **En bateau :** les *aliscafi* partent du Molo Beverello ou de Mergellina (40 min ; env. 37 € A/R). Les *traghetti* partent de Calata Porta di Massa (1h30 ; env. 25 € A/R). | ◗ **En voiture** ou **en scooter** : plusieurs loueurs à Ischia Porto.<br>◗ **En bus :** ils portent les lettres CD (circulation vers la droite) et CS (circulation vers la gauche). Placez-vous face à la mer : CD va dans le sens des aiguilles d'une montre, CS fait la route inverse. Les billets de la compagnie EAV s'achètent à la caisse (piazza Trieste et Trento à Ischia Porto) ou à bord (1,20 € à l'unité, 3,60 €/j.). |
| Procida | ◗ **En bateau :** les *aliscafi* partent du Molo Beverello, (40 min ; env. 30 € A/R). Les *traghetti* partent de Calata Porta di Massa (1h ; env. 25 € A/R). | ◗ **En vélo** ou **en scooter :** de nombreux loueurs autour du port.<br>◗ **En bus :** quatre lignes de la compagnie EAV partent du port et desservent l'île : L1, L2, C1 et C2. Les billets peuvent s'acheter à bord (1,20 € à l'unité, 3,60 €/j.). |
| Capri | ◗ **En bateau :** ils partent depuis Naples (Molo Beverello), Sorrento, Positano et Amalfi. Bien que Positano et Sorrento soient plus proches de Capri que Naples, les tarifs varient très peu de l'un à l'autre. De Naples, il vous faudra env. 45 min en *aliscafo* (17-21 € l'aller) et 1h20 en *traghetto* (env. 13 € l'aller). | ◗ **En funiculaire :** à g. du débarcadère de Marina Grande, le meilleur moyen pour rejoindre Capri (t.l.j. 6h30-23h ; 1,80 €).<br>◗ **À pied :** empruntez le chemin à 100 m à g. du funiculaire, remontez la place qui part de la via Cristoforo Colombo, puis tournez à g. dans la via Truglio, jusqu'à la piazza Umberto I (comptez env. 20 min).<br>◗ **En bus orange :** les billets de la compagnie ATC s'achètent à bord (1,80 €) ou à la caisse de la via Roma (8,60 €/j., funiculaire inclus).<br>◗ **En scooter :** loueurs autour du débarcadère de Marina Grande. |

| ON VA OÙ ? | S'Y RENDRE | SE DÉPLACER |
| --- | --- | --- |
| **Péninsule de Sorrente et côte amalfitaine** | ◗ **En train :** prenez le *circum-vesuviana* depuis la gare de Piazza Garibaldi (ttes les 30 min ; trajet 55 min ; 15 € A/R). Pour rejoindre ensuite la côte amalfitaine, vous pouvez emprunter un bus de la compagnie Sita (voir ci-dessous).<br>◗ **En bateau :** embarquement au Molo Beverello sur un *aliscafo* (p. 206) (40 min).<br>◗ **En voiture :** accès par l'A3 Naples-Salerne. **Pour Sorrento et Positano :** sortie Castellammare di Stabia, puis la SS145 jusqu'à Sorrento (50 km, env. 1h15) ou, à l'entrée de Piano di Sorrento, la SS163 à g. pour Positano (64 km, env. 1h45). **Pour Amalfi et Ravello :** sortie Angri sur l'A3 ; après le péage, prenez à g. la SP122 sur 2,5 km, puis à dr. direction « Costiera amalfitana » jusqu'à Ravello (55 km, env. 1h15) et Amalfi (71 km, 1h30).<br>◗ **En bus** : ceux de la compagnie Sita Sud desservent depuis Piazza Garibaldi la péninsule de Sorrento et la côte amalfitaine jusqu'à Salerne. Les bus sont fréquents, mais ils peuvent être pris d'assaut. | ◗ **En bus :** depuis la gare ferroviaire de Sorrento, les **bus** de la compagnie Sita rallient Amalfi en 1h40 via Positano (50 min) et la grotta dello Smeraldo (1h25). Pour les voyageurs sans véhicule, c'est le seul moyen de rejoindre les sites touristiques principaux : **Sorrento, Positano, Amalfi, Ravello, Praiano, Minori, Maiori** et **Salerne.** Le billet Unico Costiera permet une utilisation illimitée des bus Sita Sud de la côte pour 1 j. (7,60 €) ou 3 j. (18 €) (t.l.j. 6h30-22h, ttes les 30 min env, www.sitasudtrasporti.it).<br>◗ **En voiture :** il est très difficile de s'arrêter et de se garer. Les rares parkings sont hors de prix ! La SS163 qui serpente le long de la côte amalfitaine est tortueuse, la vitesse limitée, et les temps de déplacement disproportionnés au regard de la distance. Comptez près de 1h pour parcourir les 18,5 km qui séparent Positano d'Amalfi ! |

| ON VA OÙ ? | S'Y RENDRE |
|---|---|
| **Champs Phlégréens** | ◗ **En voiture :** rejoignez l'A56 (le périphérique) et empruntez la sortie n° 14 Pozzuoli (40 min), puis suivez Bacoli jusqu'à Torregaveta (50 min env.).<br>◗ **En train :** prenez le *cumana* et le *circumflegrea* au départ de la gare Montesanto (Plan D3). Le premier dessert les champs Phlégréens et le second relie les villes de l'arrière-pays jusqu'à Cuma (trains ttes les 10-20 min, de 5h20 à 21h40 env.). |
| **Pompéi** | ◗ **En voiture :** empruntez l'A3 en direction de Salerne et prenez la sortie Pompéi (35 min).<br>◗ **En train :** prenez le *circumvesuviana au* départ de Piazza Garibaldi (Plan F2) ttes les 20-30 min (arrêt Pompéi Scavi ; 30 min ; 3,10 €) |
| **Herculanum et le Vésuve** | ◗ **En voiture :** empruntez l'A3 en direction de Salerne jusqu'à Herculanum (env. 20 min). **Pour le Vésuve :** à la sortie de l'A3, prenez à g. la via Cupa Monti sur 1,3 km, puis tournez à dr. sur la via Vesuvio, puis à dr. au rond-point dir. « Vesuvio ».<br>◗ **En train :** prenez le *circumvesuviana* au départ de Piazza Garibaldi (Plan F2) toutes les 15-30 min (arrêt Ercolano Scavi ; 20 min ; 1,50 €) une fois sur place, en sortant de la gare sur la gauche, vous trouverez le **bus Vesuvio Express,** qui vous mènera au volcan (9h40-15h, 20 € A/R). |

## INFOS TOURISTIQUES / VISITE

### OFFICES DE TOURISME

**Azienda Autonoma di Soggiorno, Cura e Turismo** est le réseau des offices de tourisme en Italie.

◗ **À Naples**

Palazzo Reale, piazza Plebiscito, 1 (Pan D4) • ☎ 081 252 57 11.
Piazza del Gesù Nuovo, 7 (Plan G8) • ☎ 081 551 27 01.
Stazione centrale, Piazza Garibaldi (Plan F2), face à la voie 20.

◗ **À Pompéi**

• Via Sacra, 1, Pompéi
• ☎ 081 85 08 451.

◗ **À Capri**

Piazza Umberto I • ☎ 081 83 70 686 • www.capritourism.com • Nov.-mars : lun.-ven. 8h30-16h15 ; avr.-oct. : lun.-sam. 8h30-16h15, dim. 9h30-17h30.

◗ **À Sorrento**

Via Luigi de Maio, 35, Sorrento
• ☎ 081 807 40 33.

## Naples gratuite et insolite

• En dehors du **Maggio dei Monumenti** (p. 18), la **Settimana delle Culture** (mi-avr., 9 jours) et les **Journées européennes du patrimoine** (3e w.-e. de sept.) permettent de découvrir gratuitement musées et monuments nationaux ou municipaux. Ajoutez à cela la gratuité **chaque 1er dimanche du mois** dans tous les monuments nationaux.

• La **Notte dei Musei** permet de visiter gratuitement (certains à 1 €) et en nocturne les principaux établissements de la ville le 2e w.-e. de mai. **☎ 800 99 11 99 (n° vert, en anglais, 9h-19h) • www.beniculturali.it**

• L'**Institut Goethe** organise toute l'année expos et concerts gratuits dans divers lieux de la ville. **Centro Culturale Tedesco, Palazzo Sessa, via Santa Maria a Cappella Vecchia, 31 (Plan C-D5) • ☎ 081 76 48 098 • www.goethe.de**

• Le **MADRE** (p. 28) ouvre gratuitement ses portes à tous, toute la journée, le **1er dim. du mois**.

## MUSÉES ET MONUMENTS

### BILLETTERIES ET HORAIRES

Les horaires de fermeture des billetteries sont parfois différents des horaires indiqués dans ce guide (1h avant la fermeture du site). Pensez à vous renseigner. Les musées sont généralement fermés les lundis ou mardis. Certains d'entre eux n'acceptent pas les cartes bancaires.

### CAMPANIA ARTECARD

La **Campania Artecard** offre durant 3 ou 7 j. la gratuité des transports publics urbains et l'accès gratuit ou à tarifs préférentiels à tous les sites majeurs de Naples et de la région, en fonction d'itinéraires culturels prédéfinis (3 j. 21 € pour Naples et 32 € pour la région ; 7 j. 34 € pour la région). **L'Artecard San Gennaro** (14 € ; sans transports) permet l'accès gratuit aux sites majeurs en lien avec le patron de Naples. Renseignements, sites accessibles et achat sur : **www.campaniartecard.it**

## ART DANS LE MÉTRO

Les travaux effectués dans le réseau du métro ces dernières années ont été l'occasion de donner une place de choix à l'**art contemporain**. En effet, plusieurs stations accueillent des créations d'artistes : mosaïques illuminées, fresques, néons arty notamment signés William Kentridge ou Oscar Tusquets Blanca. Le **samedi matin,** une visite guidée de 1h30 vous conduira de station en station (5 €). Départ 10h station Toledo, arrivée à la station Università. Prix : 1,50 €, le prix d'un trajet ! infoarte@anm.it

### VISITES GUIDÉES

Des associations proposent des visites guidées à thème. Les plus importantes sont spécialisées dans les visites du sous-sol napolitain.

**Napoli Sotterranea**
☎ 081 29 69 44 ou 340 46 06 045 (mob.) • www.napolisotterranea.org.

**LAES (Libera Associazione Escursionisti Sottosuolo)**
☎ 081 40 02 56 ou 333 97 29 875 ou 333 58 49 479 (mob.) • www.lanapolisotterranea.it.

**Catacombe di Napoli**
Via Tondo di Capodimonte, 13 • ☎ 081 74 43 714 • www.catacombedinapoli.it.
Pour visiter les catacombes de San Gennaro et de San Gaudioso et le cimetière des Fontanelle (p. 45).

## DORMIR À NAPLES

### B&B

L'offre importante de **B&B** permet de séjourner dans le centre dans de bonnes conditions de confort et de prix (env. 80 €, petit déjeuner inclus). Contrairement à ce qu'on peut imaginer, on séjourne rarement chez l'habitant, mais plutôt dans un appartement dont les chambres sont louées individuellement, l'hôte se montrant à votre arrivée et le matin pour le petit déjeuner. Pour vivre comme un Napolitain, vous pouvez passer par le site de location d'appartements Airbnb ou Abritel.

### *AGRITURISMO*

Si vous rêvez de vivre quelques jours au milieu des citronniers, des vignes et des oliviers tout en découvrant les secrets de fabrication de l'huile d'olive ou du limoncello, orientez-vous vers les séjours touristiques à la ferme. Rangés sous l'appellation « agriturismo », ces établissements offrent un confort standard, misant plutôt sur leurs petits prix (env. 80 € la nuit en haute saison, petit déj. inclus), l'authenticité de l'expérience et la découverte d'une cuisine locale savoureuse. Pour vous y retrouver dans le maquis de l'agrotourisme et éviter les mauvaises surprises, consultez : www.agriturismo.it

**RETROUVEZ NOTRE SÉLECTION D'ADRESSES P. 212-215.**

### Jours fériés

**1er janvier**
**6 janvier** *(Épiphanie)*
**Lundi de Pâques** *(mars ou avril)*
**25 avril** *(fête nationale)*
**1er mai**
**2 juin** *(fête de la République)*
**15 août**
**19 septembre** *(San Gennaro, patron de la ville)*
**1er novembre**
**8 décembre**
**25 et 26 décembre**

# Nos hôtels PAR QUARTIER

## DANS NAPLES Quartiers 1 à 10 - p. 24 à 93

### B&B DILETTO A NAPOLI

Derrière le Duomo, 4 chambres spacieuses (pour 2 ou 4 pers.) décorées avec originalité, avec salle de bains privative. Petit déjeuner en commun dans le séjour.

**Vico Sedil Capuano, 16 (Plan I6, quartier 1) • M° Piazza Cavour • ☎ 081 03 30 977 • www.maisonsdecharme.it/dilettoanapoli/ • De 50 à 80 €.**

### B&B CERASIELLO

À deux pas de la via del Duomo, 4 chambres avec salles de bains privatives. Cuisine, salon et vaste terrasse sous pergola...

**Via Supportico Lopez, 20 (Plan E2, quartier 1) • M° Piazza Cavour • ☎ 081 03 30 977 ou 338 926 44 53 (mob.) • De 55 à 90 €.**

### HOTEL SUITE ESEDRA

Dix-sept chambres artistiquement décorées avec salles de bains en majolique et petits balcons fleuris... Adresse charmante.

**Via Cantani, 12 (Plan E3, quartier 2) • M° Garibaldi • ☎ 081 55 37 087 • www.hotelsuiteesedranapoli.it • De 70 à 80 €.**

### B&B MEDEA

La déco est un peu vieillotte, mais les chambres sont confortables et à des prix imbattables !

**Via San Giovanni Maggiore Pignatelli, 48 (Plan H7, quartier 3) • M° Dante • ☎ 081 42 01 149 • www.bebmedea.com • De 60 à 70 €.**

### HOTEL NAPLES

Ce magnifique hôtel Art déco - l'escalier en colimaçon est bluffant ! - est situé à 5 min du centre antique.

**Corso Umberto I, 55 (Plan H8, quartier 3) • M° Dante • www.hotelnaples.it • ☎ 081 55 17 055 • De 100 à 170 €.**

### THE CHURCH B&B

Installé à l'étage d'un palais Renaissance, The Church n'a rien de monacal ! L'accueil est chaleureux ; et l'ambiance, décontractée. Chambres spacieuses et sobres, belle cuisine pour préparer son petit déjeuner (inclus). Superbe terrasse avec vue sur Spaccanapoli.

**Via San Biagio dei Librai, 39 (Plan I7, quartier 3) • M° Dante • ☎ 081 195 29 272 • www.thechurch.it • À partir de 60 €.**

## BELLE ARTI RESORT

Dans une résidence du début du XVIIe s., cet hôtel allie plafonds décorés de fresques et mobilier design. Une atmosphère sereine dans le cœur grondant de Naples.

**Via S. M. di Costantinopoli, 27 (Plan G6-7, quartier 4) • M° Museo • ☎ 081 55 71 062 • www.belleartiresort.com • De 80 à 110 €.**

## B&B TECLA NAPOLI

Un joli B&B tenue par deux jeunes femmes très dynamiques. Trois chambres très spacieuses et accueillantes avec salle de bains privative pouvant accueillir 2, 3 ou 4 personnes. L'excellent petit déjeuner est servi sous forme de buffet dans le salon commun.

**Piazzetta Bianchi allo Spirito (Plan G7-8, quartier 4) • M° Dante • ☎ 373 716 3640 (mob.) • www.bbtecla.com • De 49 à 79 €.**

## B&B DELLA SAPIENZA

Dans un ancien palais, à deux pas de la piazza Bellini, 2 suites avec salon, chambre en mezzanine, salle de bains privative et cuisine commune. Les autres chambres, à l'arrière, manquent d'attrait.

**Via Sapienza, 8 (Plan G7/H7, quartier 4) • M° Museo • ☎ 335 72 03 789 ou 349 42 57 019 (mob.) • www.bbdellasapienza8.com • 60 € (280 € la semaine).**

## HOTEL TOLEDO

En retrait de la via Toledo, c'est un petit hôtel au charme discret proposant des chambres simples, mais confortables. Son petit trésor : une terrasse-jardin.

**Via Montecalvario, 15 (Plan D4, quartier 7) • M° Dante ou Montesanto • ☎ 081 40 68 00 • www.hoteltoledo.com • De 70 à 180 €.**

## HOTEL MERCURE NAPOLI CENTRO ANGIOINO

Situé en plein cœur de Naples, l'hôtel allie modernité et histoire avec un design et une esthétique dans l'esprit de la ville. Du lobby jusqu'aux chambres, on profite d'un accueil soigné et d'un excellent confort. Le plus ? La vue sur le golfe depuis la terrasse, où l'on déguste le savoureux petit déjeuner.

**Via Agostino Depretis, 123 (Plan D4, quartier 7) • M° Municipio • ☎ 081 49 10 111 • www.accorhotels.com/fr/hotel-1601-mercure-napoli-centro-angioino • Dès 160 €.**

## PINTO-STOREY

Cet hôtel fondé en 1868 vous séduira par son style Old England et par le charme chaleureux de ses boiseries. Demandez une chambre avec vue.

**Via G. Martucci, 72 (Plan C4, quartier 8) • M° Piazza Amedeo • ☎ 081 68 12 60 • www.pintostorey.it • De 78 à 138 €.**

### GRAND HÔTEL SANTA LUCIA

Une vue magnifique sur le Castel dell'Ovo, d'élégants salons, des tableaux du XVIIe s. et des lustres de Murano...

**Via Partenope, 46 (Plan D5, quartier 9) • M° Piazza Amedeo • ☎ 081 76 40 666 • www.santalucia.it • De 140 à 200 €.**

### B&B NAPOLI FRANCA

Le B&B de Franca et Enrico propose 2 chambres simples ouvrant sur une terrasse offrant un panorama inoubliable sur la ville, le golfe et Capri.

**Corso Vittorio Emanuele, 110/1 (Plan B4, quartier 9) • Ligne Cumana, arrêt C.V. Emanuele • ☎ 081 66 12 51 • www.bbfranca.it • De 65 à 90 €.**

### BEST WESTERN PARADISO

Accroché à la colline de Posillipo, cet hôtel charmant offre un panorama à couper le souffle. À l'écart de la Naples turbulente, il reste accessible grâce au funiculaire.

**Via Catullo, 11 (HP par A5, quartier 10) • Funiculaire Mergellina • ☎ 081 247 51 11 • www.hotelparadisonapoli.it • De 120 à 150 €.**

### AUSONIA

Une atmosphère marine et tranquille, idéale pour les amoureux du grand large. Tentez d'obtenir une vue sur la mer.

**Via F. Caracciolo, 11 (Plan B5, quartier 10) • M° Mergellina • ☎ 081 68 22 78 • www.hotelausonianapoli.it • De 75 à 105 €.**

## LES ÎLES Visites 13 et 14 - p. 94 et 98

### VILLA MARIA

Avec sa façade jaune safran, ses hautes persiennes vertes et sa corniche immaculée, cette villa construite au début du XXe s. a fière allure. Belles chambres avec balcon et vue sur le port.

**Piazza Antica Reggia, 16, Porto d'Ischia • ☎ 081 99 21 17 • www.villamariaischia.it • De 80 à 140 €.**

### HOTEL LA CORRICELLA

Un petit hôtel perché au-dessus de la marina de Coricella. Les quelques éléments colorés des chambres sont bienvenus, comme ces fauteuils verts très pop. Vue extraordinaire, en particulier depuis la terrasse/solarium commune.

**Via Marina di Corricella, 88, Procida • ☎ 081 89 67 575 • www.hotelcorricella.it • À partir de 80 €, résa le plus en amont possible conseillée • F. nov.-mars.**

### IL GIARDINO DELL'ARTE

Cinq chambres charmantes dans un environnement fabuleux : vue sur Ischia depuis les terrasses, au milieu d'une végétation luxuriante ! L'adorable propriétaire vient vous chercher au port.

**Traversa la Vigna, 32b, Anacapri • ☎ 081 83 73 025 • www.giardinocapri.com • De 89 à 159 €.**

## SORRENTO Visite 15 - p. 102

### AGRITURISMO LA LOBRA

Coup de cœur pour cette demeure, noyée parmi les citronniers, les vignes et les oliviers, offrant 9 chambres avec vue sur la mer et les collines. Goûtez à la cuisine et aux produits de la famille !

**Via Fontanelle, 17, Marina della Lobra Massa Lubrense • ☎ 081 87 89 073 • www.lalobra.it • Env. 90 €.**

### CASA GILDA

Belle maison de charme à 10 min de la piazza Tasso et à quelques marches de Marina Grande ! Chambres coquettes aux couleurs vives, terrasse avec vue sur le golfe.

**Via Marina Grande, 4, Sorrento • ☎ 338 85 60 460 (mob.) • www.casagilda.it • De 100 à 180 € ; 3 nuits min.**

## LA CÔTE AMALFITAINE Visite 16 - p. 108

### HOTEL FLORIDIANA

Des chambres spacieuses et confortables dans un palais du XIIe s. Le salon, avec ses fresques 1800 et son mobilier baroque et design, vaut à lui seul le séjour.

**Via Brancia, 1, Amalfi • ☎ 089 87 36 373 • www.hotelfloridiana.it • De 140 à 190 €.**

### RESIDENZA LUCE

À quelques pas de la cathédrale d'Amalfi, 10 jolies chambres décorées de la belle faïence de Vietri sul Mare. Espace, lumière et confort.

**Via Frà Gerardo Sasso, 4, Amalfi • ☎ 089 87 15 37 • www.residenzaluce.it • De 85 à 180 €.**

# Lexique

## FORMULES ET MOTS USUELS

À droite : ***a destra***
À gauche : ***a sinistra***
Assez : ***abbastanza***
Au revoir : ***arrivederci***
Avez-vous ? : ***ha ?***
Beaucoup : ***molto***
Bonjour : ***buongiorno***
C'est trop cher : ***è troppo caro***
Combien coûte ? : ***quanto costa ?***
Combien est-ce ? : ***quant'è ?***
Excusez-moi : ***scusi***
Fermé : ***chiuso***
Je ne comprends pas : ***non capisco***
Je vous en prie : ***prego***
Madame : ***signora***
Merci : ***grazie***
Monsieur : ***signore***
Non : ***no***
Oui : ***si***
Ouvert : ***aperto***
Pourquoi ? : ***perché ?***
Pouvez-vous me dire ? : ***può dirmi ?***
Puis-je voir ? : ***posso vedere ?***
Rien : ***niente***
S'il vous plaît : ***per favore***

## À TABLE

Fromage : ***formaggio***
Fruits : ***frutti***
Gâteau : ***dolce***
Glace : ***gelato***
Hors-d'œuvre : ***antipasto***
L'addition, s'il vous plaît : ***il conto, per favore***
Menu : ***carta, lista***
Pain : ***pane***
Pâtes : ***pasta***
Poisson : ***pesce***
Repas : ***pranzo***
Salade : ***insalata***
Sel : ***sale***
Sucre : ***zucchero***
Verre : ***bicchiere***

## LA BOISSON

Bière : ***birra***
Café : ***caffè***
Café allongé : ***caffè lungo***
Café crème : ***cappuccino***
Chocolat : ***cioccolata (in tazza)***
Eau : ***acqua***
Eau gazeuse : ***acqua frizzante***
Jus de fruits : ***succo di frutta***
Thé : ***tè***

## À LA POSTE, AU TÉLÉPHONE ET À LA BANQUE

Argent : ***denaro***
Banque : ***banca***
Boîte aux lettres : ***buca delle lettere***
Change : ***cambio***
Changer : ***cambiare***
Chèque postal : ***assegno postale***
Poste : ***posta***
Téléphone : ***telefono***
Timbre-poste : ***francobollo***

## FAIRE DU SHOPPING

Acheter bon marché : ***comprare a buon mercato***
Bijou : ***gioiello***
Bijoutier : ***gioielliere, orefice***
Boutique : ***negozio***
Caisse : ***cassa***
Ceinture : ***cintura***
Cent grammes : ***un etto***
Chapeau : ***cappello***
Chaussettes : ***calzini***
Chaussures : ***scarpe***
Cher : ***caro***
Costume : ***vestito***
Cravate : ***cravatta***
Cuir : ***cuoio***
Dessin : ***disegno***
Écharpe : ***sciarpa***
Étiquette : ***etichetta***
Faire des achats : ***fare delle spese***
Faire une commande : ***fare un'ordinazione***
Fin de série : ***fine serie***
Jogging : ***tuta da ginnastica***
Jouet : ***giocattolo***
Jupe : ***gonna***
Lingerie : ***biancheria intima***
Livraison : ***consegna***
Livre : ***libro***
Magasin : ***negozio***
Manteau : ***cappotto***
Mode : ***moda***
Mouchoir : ***fazzoletto***
Pantalon : ***pantaloni***
Payer : ***pagare***
Pointure : ***numero di scarpe***
Polo : ***maglietta***
Portefeuille : ***portafoglio***
Porte-monnaie : ***portamonete***
Prix : ***prezzo***
Pull-over : ***maglione***
Qualité : ***qualità***
Rabais : ***sconto***
Retouche : ***modifica***
Robe : ***vestito***
Sac : ***borsa***
Sac à main : ***borsetta***
Soie : ***seta***
Solde : ***vendita promozionale*** ou ***liquidazioni*** ou ***sconti*** ou ***saldi***
Sweat-shirt : ***felpa***
Talon (haut) : ***tacco (alto)***
Tarif : ***tariffa, listino dei prezzi***
Tissu : ***tessuto***
Veste : ***giacca***

**LES VOYELLES**

« e » n'est jamais muet, même en fin de mot.
« u » se prononce « ou », même après « g » et « q ».

**LES CONSONNES**

« c » et « g » se prononcent comme en français devant « a », « o » et « u ».
Mais :

- ce = tché ; ci = tchi ; cia = tcha ; cio = tcho.
- che = ké ; chi = ki ; chia = kia ; chio = kio ; chiu = kiou.
- ge = dgé ; gi = dgi ; gio = djo ; giu = djou.
- ghi = gui ; ghe = gué ; ghia = guia ; ghio = guio ; ghiu = guiou.
- gli = li (mouillé) ; glie = lyé ; glia = lya ; glio = lyo ; gliu = lyou.
- sce = ché ; sci = chi ; sciu = chou (sc devant « a », « o » et « u » = sk).
- schi = ski ; sche = ské.

**ENFIN**

Le « r » doit toujours être bien roulé.
Les consonnes doubles sont accentuées.
Oubliez les sons nasaux (« m » et « n » sont toujours détachés).
L'accent tonique est le plus souvent situé sur l'avant-dernière syllabe. Dans le lexique ci-contre, il est figuré par les lettres en gras.

# Index

## CRÉDITS PHOTOGRAPHIQUE

### Intérieur

**Patrice Hauser :** p. 5, p. 6 (ht), p. 7 (c.), p. 10 (ht), p. 11 (c.), p. 17 (ht), p. 21, p. 22, p. 23, p. 25, p. 37, p. 39, p. 42, p. 47, p. 51, p. 54, p. 55, p. 62, p. 71, p. 106, p. 109, p. 110, p. 111, p. 115, p. 116, p. 117 (ht), p. 122, p. 123, p. 125, p. 131, p. 132, p. 140, p. 142, p. 144, p. 146, p. 149, p. 157, p. 161, p. 169, p. 171, p. 172, p. 175, p. 181, p. 186, p. 190, p. 200.
**Yoann Stoeckel :** p. 4 (b.), p. 12 (ht), p. 14, p. 15, p. 34, p. 65, p. 68, p. 69, p. 73, p. 80, p. 85, p. 86, p. 87, p. 105, p. 118, p. 128, p. 138, p. 197.
**Jérôme Plon :** p. 29, p. 79, p. 83, p. 100, p. 101, p. 112, p. 124, p. 127, p. 136, p. 183, p. 185, p. 188, p. 194, p. 196.
**Jean Tiffon :** p. 9 (b.), p. 10 (c.), p. 27, p. 81, p. 103, p. 117 (b.), p. 134, p. 156, p. 166, p. 177, p. 199.
**Hemis :** © Jon Arnold : p. 1 ; © Robert Harding : p. 2 ; © Robert Harding et © Oscar Tusquets Blanca, station de métro Toledo, Naples / Adagp, Paris, 2018 : p. 8 ; © Boaz Rottem : p. 9 ht ; © Luigi S. Silipo : p. 13 (ht) ; © Frank Guiziou : p. 33 ; © Ludovic Maisant : p. 48 ; © Premium Stock Photography GmbH / Alamy Stock Photo : p. 53.
**Adobe Stock :** © SC : p. 4 (ht) ; © GG : p. 6 (b.) ; © Dagherrotip : p. 7 (ht) ; © Marcociannarel : p. 7 (b.) ; © JFL Photography : p. 10 (b.) ; © Rui Vale de Sousa : p. 12 (b.) ; © Laudibi : p. 16 ; © Figurniy Sergey : p. 17 (b.) ; © Matyas Rehak : p. 56 ; © Benny : p. 76 ; © Mat : p. 89 ; © Jasckal : p. 91 ; © emperorcosar : p. 92 ; Boris Stroujko : p. 96 ; © Mikolajn : p. 97 ; © Ekaterina Pokrovsky : p. 152.
**Shutterstock :** © Nikolajn : p. 9 (c.) ; © Lauradibi : p. 11 (ht) ; © eFesenko : p. 29 ; © Gianni Papakinos : p. 52, p. 121 ; © Matyas Rehak : p. 60 ; Athikhom Saengchai : p. 67 ; © Sergio Monti Photography : p. 99 ; © Nathalia Barsukova : p. 113 ; © Mzeta p. 163.
**Alamy by Hemis.fr :** © Bailey-Cooper Photography : p. 28 ; © David Gee : p. 150 ; © Elephanotos p. 178.

Nous adressons nos remerciements pour son aide précieuse à :
**Subaia Campania Divers** © Edoardo Ruspantini, 2016 : p. 11 (b.)
**Cantine del Vesuvio** © Mauro Fermariello : p. 13 (b.)

### Couverture

**Plat 1**
**Visuel principal :** Una quieta accesa © **Michele Costagliola (ht).**
Retrouvez ses photos sur Instagram : @mikbiondo
**Visuel du bas :** Vue depuis le ristorante a' fenestella © **Fabrizio Road.**
Retrouvez ses photos sur Instagram : @fabrizio_road

**Plat 4**
**Visuel principal :** © **Jon Arnold Images / Hemis.fr.**
**Visuel du bas :** © **Hugues Hervé / Hemis.fr.**

Dernière édition revue et enrichie par **Lucie Tournebize.**
Éditions antérieures revues et augmentées par **Renée Grimaud, Bertrand Lauzanne, Jean Tiffon** et **Nedjma Van Egmond.**
Édition originale établie par **Pascale Froment** et **Frédéric Taboin.**

**Direction :** Nathalie Bloch-Pujo
**Direction éditoriale :** Cécile Petiau
**Édition :** Marine Barbier-Blin, Camille Dupont, Émilie Lézénès, Géraldine Péron, Adam Stambul, Julie Wood
**Suivi éditorial :** Vanessa Di Domenico
**Lecture-correction :** Nadine Lucas
**A également collaboré à cet ouvrage :** Marella Barbera
**Cartographie :** Frédéric Clémençon et Aurélie Huot
**Fabrication :** Liza Sacco

**Conception graphique de la couverture et de la maquette intérieure :** Caroline Joubert • www.atelier-du-livre.fr
**Mise en pages intérieure :** Chrystel Arnould

**Contact presse :** rmazef@hachette-livre.fr - ☎ 01 43 92 36 66

Aussi soigneusement qu'il ait été établi, ce guide n'est pas à l'abri des changements de dernière heure, d'erreurs ou omissions. Ne manquez pas de nous faire part de vos remarques. Informez-nous aussi de vos découvertes personnelles, nous accordons la plus grande importance au courrier de nos lecteurs :
**Guides Un Grand Week-end - Hachette Tourisme - 58, rue Jean-Bleuzen, 92 170 Vanves**
**weekend@hachette-livre.fr**
**Facebook** @GuidesUnGrandWeekend • **Instagram** @ungrandweekend • **Twitter** @ungrandweekenda



Édité par Hachette Livre (58, rue Jean-Bleuzen, CS 70007, 92 178 Vanves Cedex)
Imprimé par Polygraf (Capajevova 44, 08199 Presov, Slovaquie)
Achevé d'imprimer : janvier 2020
ISBN : 978-2-01-710675-3 - 65-4907-6
Dépôt légal : janvier 2020 - Collection n°44 - Édition : 01